Athanase ZOGO

IL VOUS SERA FAIT SELON VOTRE FOI

AF534930

Athanase ZOGO

IL VOUS SERA FAIT SELON VOTRE FOI

Éditions Croix du Salut

Imprint
Any brand names and product names mentioned in this book are subject to trademark, brand or patent protection and are trademarks or registered trademarks of their respective holders. The use of brand names, product names, common names, trade names, product descriptions etc. even without a particular marking in this work is in no way to be construed to mean that such names may be regarded as unrestricted in respect of trademark and brand protection legislation and could thus be used by anyone.

Cover image: www.ingimage.com

Publisher:
Éditions Croix du Salut
is a trademark of
Dodo Books Indian Ocean Ltd. and OmniScriptum S.R.L publishing group

120 High Road, East Finchley, London, N2 9ED, United Kingdom
Str. Armeneasca 28/1, office 1, Chisinau MD-2012, Republic of Moldova, Europe
Printed at: see last page
ISBN: 978-3-8416-9921-3

Copyright © Athanase ZOGO
Copyright © 2024 Dodo Books Indian Ocean Ltd. and OmniScriptum S.R.L publishing group

IL VOUS SERA FAIT SELON VOTRE FOI

Ev. Athanase ZOGO

Jérusalem Mission Evangélique - JME

Sommaire

Introduction : La puissance de la foi -- 03

Chapitre 1 : Comprendre la foi -- 07

Chapitre 2 : La foi et la Parole de Dieu --- 11

Chapitre 3 : La foi et les miracles --- 16

Chapitre 4 : La foi en action -- 21

Chapitre 5 : L'opposition à la foi --- 26

Chapitre 6 : La foi et la prière --- 31

Chapitre 7 : La foi et les promesses de Dieu ------------------------------------ 36

Chapitre 8 : La foi et la guérison --- 41

Chapitre 9 : La foi et les défis de la vie --- 46

Chapitre 10 : La foi et la prospérité spirituelle ---------------------------------- 51

Chapitre 11 : La foi et la prospérité matérielle ---------------------------------- 56

Chapitre 12 : La foi et la transformation intérieure ----------------------------- 61

Chapitre 13 : La foi et la patience -- 66

Chapitre 14 : La foi et la direction divine --------------------------------------- 71

Chapitre 15 : La foi et la confession --- 76

Chapitre 16 : La foi et l'espérance --- 81

Chapitre 17 : La foi et l'amour -- 86

Chapitre 18 : La foi et l'échec -- 90

Chapitre 19 : La foi et la victoire finale --- 95

Chapitre 20 : Vivre selon sa foi -- 100

Conclusion : Il vous sera fait selon votre foi ------------------------------------ 105

Épilogue : Témoignages de foi -- 107

Bibliographie -- 112

Introduction : La puissance de la foi

La foi, dans la tradition chrétienne, n'est pas simplement un acte de croyance abstrait ou une conviction intellectuelle. C'est une force vivante, dynamique, capable de transformer chaque aspect de notre existence. Elle est à la base de notre relation avec Dieu, et elle devient la clé pour accéder aux bénédictions spirituelles, émotionnelles, physiques et même matérielles que Dieu a promises à ceux qui croient en Lui. L'une des déclarations les plus percutantes de Jésus est : **« Il vous sera fait selon votre foi »** (Matthieu 9, 29). Ces mots, prononcés dans le contexte d'une guérison, nous rappellent que notre expérience avec Dieu et le monde qui nous entoure est étroitement liée à la qualité et à la profondeur de notre foi.

La foi est le principe fondamental sur lequel repose toute la vie chrétienne. Le livre des Hébreux nous rappelle que **« sans la foi, il est impossible de plaire à Dieu »** (Hébreux 11, 6). La foi, c'est la confiance inébranlable en Dieu et en ses promesses, même quand les circonstances extérieures semblent défavorables. C'est croire que Dieu est fidèle, que Ses promesses sont réelles et qu'Il agira à Son temps pour accomplir Ses desseins dans nos vies.

Dans Matthieu 17, 20, Jésus dit encore : **« Si vous avez de la foi comme un grain de moutarde, vous direz à cette montagne : 'Transportes-toi d'ici là', et elle se transportera, rien ne vous sera impossible. »** Cette image de la foi comme un grain de moutarde, tout petit mais capable de déplacer des montagnes, nous montre à quel point même une foi modeste peut produire des résultats spectaculaires lorsqu'elle est placée en Dieu.

Il est essentiel de comprendre que la foi ne se limite pas à un sentiment intérieur ou à une simple croyance passive. La foi véritable se manifeste par des actions concrètes. Jacques, dans son épître, nous enseigne que **« la foi sans les œuvres est morte »** (Jacques 2, 26). La foi est une puissance qui agit dans notre vie quotidienne. Elle nous pousse à prendre des décisions qui témoignent de notre confiance en Dieu, même dans l'incertitude.

Prenons l'exemple des guérisons réalisées par Jésus. Dans chaque guérison, Jésus répondait souvent à la foi de ceux qui venaient à Lui. À la femme souffrant de pertes de sang, il a dit : « **Ta foi t'a sauvée** » (Marc 5, 34). Cela montre que la foi joue un rôle actif dans l'accomplissement des miracles. Jésus n'a pas seulement guéri les gens à cause de leur détresse physique, mais aussi à cause de leur foi en Son pouvoir.

Une autre dimension importante de la foi est qu'elle repose sur la confiance en les promesses de Dieu. Dieu a promis de bénir ceux qui marchent dans Sa volonté, de les guider et de les fortifier dans les épreuves, et d'accomplir des miracles dans leurs vies. Dans 2 Corinthiens 1, 20, l'apôtre Paul affirme : « **Toutes les promesses de Dieu sont en lui [Jésus] oui, et en lui Amen** ». La foi chrétienne est donc une foi fondée sur des promesses divines sûres et inaltérables. C'est dans ces promesses que nous devons puiser notre espérance et notre confiance.

La promesse de guérison, de bénédiction matérielle et spirituelle, de paix intérieure et d'éternité avec Dieu — tout cela repose sur la foi. « **Il vous sera fait selon votre foi** » n'est pas un principe flou ou conditionnel, mais une vérité fondamentale du Royaume de Dieu : notre foi détermine en grande partie ce que nous expérimentons de Dieu sur cette terre.

La foi n'est pas une question d'effort humain pour « attirer » les bénédictions de Dieu, mais plutôt une invitation à entrer dans une relation vivante et dynamique avec Lui. La foi est la main tendue de l'homme vers Dieu, et Dieu répond en fonction de cette foi. Ce n'est pas une question de performance, mais de confiance dans l'amour et la fidélité de Dieu.

Il est donc essentiel de comprendre que « **Il vous sera fait selon votre foi** » ne signifie pas que Dieu nous donne ce que nous voulons lorsque nous croyons simplement qu'il est capable de le faire. Cela signifie que Dieu répond à notre foi sincère et active, qui se manifeste dans notre soumission à Sa volonté, notre obéissance à Sa Parole et notre confiance dans Ses promesses. Notre foi permet à Dieu d'agir dans nos vies, d'accomplir Ses miracles et de répondre à nos prières.

Ce livre vous invite à réfléchir sur la nature de votre foi et à la nourrir, à l'approfondir et à la mettre en pratique de manière plus concrète dans tous les aspects de votre vie. Il est possible que vous vous trouviez à un moment de votre vie où la foi semble vaciller, où les doutes prennent place, ou où les circonstances semblent contredire les promesses de Dieu. Mais sachez que Dieu veut vous encourager à croire, même dans l'adversité. Comme Jésus l'a dit à ses disciples, **« si vous avez de la foi, même comme un grain de moutarde, rien ne vous sera impossible** ».

Alors, comment la foi peut-elle transformer votre vie ? Quelles montagnes Dieu veut-il déplacer dans votre vie, non par vos efforts ou votre force, mais par la puissance de la foi que vous placez en Lui ?

Dans ce livre, nous explorons différentes facettes de la foi chrétienne, comment elle agit dans la prière, les épreuves, la guérison, la prospérité spirituelle et matérielle, et comment elle transforme les cœurs. Chaque chapitre vous propose des clés pour comprendre et vivre ce principe puissant : **« Il vous sera fait selon votre foi ».**

Prière :

Seigneur, nous te rendons grâce pour la puissance de la foi que Tu as mise dans nos cœurs. Nous Te demandons de renforcer notre foi, de nous aider à lui accorder la place qu'elle mérite dans nos vies. Nous croyons que tout est possible pour celui qui croit. Aide-nous à grandir dans notre confiance en Toi, à voir au-delà des obstacles et à marcher dans la lumière de Tes promesses. Que notre foi devienne un instrument puissant entre Tes mains pour accomplir Ta volonté sur cette terre. Au nom de Jésus, Amen.

Chapitre 1 : Comprendre la foi

La foi est le fondement de la vie chrétienne. Sans elle, il est impossible de plaire à Dieu (Hébreux 11, 6). Mais qu'est-ce que la foi ? Est-ce simplement croire en l'existence de Dieu, ou est-ce quelque chose de plus profond et de plus transformant ? Dans ce chapitre, nous cherchons à comprendre ce qu'est réellement la foi chrétienne et comment elle peut agir puissamment dans nos vies.

La foi n'est pas une simple croyance intellectuelle, mais une confiance profonde et inébranlable en Dieu et en Sa Parole. Il ne s'agit pas seulement de croire que Dieu existe, mais de Lui faire confiance pleinement dans tous les aspects de notre vie. Le livre des Hébreux nous enseigne que **« la foi est la ferme assurance des choses qu'on espère, la démonstration de celles qu'on ne voit pas »** (Hébreux 11, 1).

Cette définition montre que la foi va au-delà de la simple croyance. C'est une confiance totale dans les promesses de Dieu, même lorsque les circonstances semblent contraires. Avoir la foi, c'est croire que Dieu tiendra Ses promesses, quelles que soient les apparences. C'est savoir, au plus profond de soi, que Dieu est fidèle et que rien n'est impossible pour Lui.

La foi n'est pas quelque chose que nous pouvons générer par nos propres forces. C'est un don de Dieu. Dans Éphésiens 2, 8 - 9, Paul nous rappelle : **« C'est par la grâce que vous êtes sauvés, par le moyen de la foi, et cela ne vient pas de vous, c'est le don de Dieu »**. La foi est donc un cadeau que Dieu nous donne, non pour nous faire juste croire en Son existence, mais pour nous permettre d'entrer dans une relation vivante avec Lui.

C'est Dieu qui initie cette relation, et c'est à travers Sa grâce que nous pouvons répondre par la foi. Cela signifie que nous ne pouvons pas nous glorifier de notre foi, mais plutôt rendre grâce à Dieu, car c'est Lui qui l'a placée dans nos cœurs.

La foi chrétienne n'est pas une foi passive. Elle est vivante et se manifeste par des actions concrètes. L'apôtre Jacques nous met en garde contre une foi qui ne se manifeste pas dans les œuvres : « **La foi sans les œuvres est morte** » (Jacques 2, 26). Une foi qui ne produit pas de fruits dans notre vie est une foi stérile. La véritable foi nous pousse à agir selon ce que nous croyons.

Prenons l'exemple d'Abraham, qui a été appelé à sacrifier son fils Isaac (Genèse 22). Sa foi n'était pas simplement une conviction dans son cœur, mais une action. Abraham a obéi à Dieu, malgré les risques et la douleur, parce qu'il avait une confiance totale en Dieu. Cette obéissance a été comptée comme de la justice (Jacques 2, 21 - 23).

La foi active nous pousse à prendre des décisions basées sur les promesses de Dieu, même lorsque la logique humaine ou les circonstances semblent nous dire le contraire. C'est une foi qui se manifeste dans nos choix quotidiens, dans nos relations, dans notre travail, dans notre manière de gérer nos finances, et même dans nos moments de souffrance.

La foi chrétienne est une réponse à la Parole de Dieu. Dans Romains 10, 17, Paul dit : « **Ainsi la foi vient de ce qu'on entend, et ce qu'on entend vient de la Parole de Christ** ». La foi naît et grandit lorsque nous écoutons la Parole de Dieu et que nous la recevons dans nos cœurs. C'est en entendant les promesses de Dieu et en les croyant qu'une foi vivante se développe.

Les Écritures sont pleines de promesses divines, et chacune d'elles est une invitation à faire confiance à Dieu. Dieu ne nous demande pas de croire en des choses floues ou incertaines, mais en des vérités solides et affirmées par Sa Parole.

La foi prend racine dans les promesses de Dieu, et elle grandit au fur et à mesure que nous méditons et appliquons la Parole dans notre vie.

L'une des plus grandes épreuves pour notre foi se situe dans les moments de difficultés et d'incertitude. Quand tout semble aller mal, quand les prières ne semblent pas être exaucées, ou quand les circonstances nous frappent durement, il est facile de douter. Cependant, c'est précisément dans ces moments-là que la foi se révèle dans toute sa puissance.

Jésus a dit à ses disciples : « **Ayez foi en Dieu** » (Marc 11, 22). Cela signifie qu'au-delà de ce que nous voyons ou ressentons, nous devons choisir de croire que Dieu est plus grand que nos problèmes, plus fidèle que nos épreuves. La foi n'est pas une question d'absence de difficultés, mais une question de confiance inébranlable en Dieu au milieu des difficultés.

Prenons l'exemple de Pierre qui marche sur l'eau. Lorsqu'il garde les yeux fixés sur Jésus, il marche sur l'eau, mais dès qu'il commence à regarder les vagues et les vents, il commence à couler (Matthieu 14, 29 - 31). Cela nous montre que la foi nous permet de faire face à l'impossible, mais dès que nous nous détournons de Dieu pour nous concentrer sur nos circonstances, la peur et le doute commencent à nous submerger. Jésus, dans sa miséricorde, tend la main à Pierre et le sauve, lui montrant que même dans nos épreuves, nous pouvons compter sur Sa grâce pour nous restaurer.

La foi chrétienne ne se limite pas à l'ici et maintenant. Elle est aussi fondée sur l'espérance d'une promesse future. En Romains 8, 24 - 25, Paul nous dit : « **Car c'est en espérant que nous sommes sauvés. Or, l'espérance qu'on voit n'est plus espérance ; car ce qu'on voit, quelqu'un ne l'espère-t-il pas ? ».** La foi repose sur une espérance qui dépasse les réalités présentes, une espérance en la gloire à venir, en la promesse de la vie éternelle.

C’est cette espérance qui donne de la force aux chrétiens pour traverser les épreuves de cette vie. En sachant que Dieu a réservé pour nous un avenir glorieux, nous pouvons affronter les souffrances présentes avec la certitude que « **notre affliction légère et passagère produit pour nous, au-dessus de toute mesure, un poids éternel de gloire** » (2 Corinthiens 4, 17). La foi est donc à la fois une réponse au présent et une anticipation du futur, une assurance que Dieu accomplit Ses promesses, non seulement ici-bas, mais aussi dans l’éternité.

Comprendre la foi, c’est comprendre qu'elle n’est pas simplement une croyance intellectuelle, mais une force vivante qui transforme chaque aspect de notre vie. La foi chrétienne est un don de Dieu, une confiance totale en Lui, une réponse active à Sa Parole et une espérance vivante dans Ses promesses. C'est une foi qui se manifeste dans nos actions, qui reste solide dans les épreuves, et qui nous conduit à vivre selon la volonté de Dieu, en attendant la gloire à venir.

Dans les chapitres suivants, nous explorons comment cette foi se manifeste concrètement dans nos vies, dans la prière, dans les épreuves, dans la guérison, et dans notre marche quotidienne avec Dieu. Mais pour commencer, il est essentiel de saisir que la foi, ce n'est pas un simple concept religieux. C’est la clé qui ouvre la porte à l’action de Dieu dans nos vies.

Prière :

Seigneur, merci pour le don précieux de la foi. Nous croyons en Toi, nous croyons en Tes promesses. Aide-nous à vivre une foi active, vivante et confiante, même dans les moments difficiles. Que notre foi te glorifie et qu'elle nous transforme chaque jour davantage. Fortifie notre cœur pour qu’il demeure ferme en Toi, et que, à travers notre foi, Tu accomplisses Ta volonté dans nos vies. Au nom de Jésus, Amen.

Chapitre 2 : La foi et la Parole de Dieu

La foi chrétienne, loin d'être une vague émotion ou une croyance superficielle, repose sur des fondations solides : la Parole de Dieu. Dans ce chapitre, nous explorons la relation profonde entre la foi et les Écritures. Comprendre cette connexion est essentiel pour toute personne désirant voir sa foi grandir et se manifester puissamment dans sa vie.

Dans l'Ancien Testament, Dieu se révèle à Son peuple à travers des promesses et des paroles prophétiques. Dans le Nouveau Testament, la révélation finale de Dieu se trouve en Jésus-Christ, mais cette révélation s'appuie sur les Écritures inspirées, c'est-à-dire sur la Parole de Dieu. Jésus lui-même a souligné l'importance de la Parole dans la vie des croyants. Dans Matthieu 4, 4, lorsqu'Il est tenté par Satan dans le désert, Il répond : « **L'homme ne vivra pas de pain seulement, mais de toute parole qui sort de la bouche de Dieu** ». Cela montre que la Parole de Dieu est essentielle pour nourrir et affermir notre foi.

La foi ne se construit pas sur des spéculations humaines ou des idées fluctuantes, mais sur la Parole divine, révélée et inspirée. C'est la Parole de Dieu qui révèle Sa volonté, Ses promesses et Son plan pour l'humanité. Sans elle, il est impossible de connaître Dieu de manière profonde et de développer une foi solide.

Dans Romains 10, 17, l'apôtre Paul déclare : « **Ainsi la foi vient de ce qu'on entend, et ce qu'on entend vient de la Parole de Christ ».** Ce verset souligne l'importance d'entendre et de recevoir la Parole de Dieu pour que notre foi se développe. La Parole de Dieu agit comme une semence plantée dans le cœur du croyant. Cette semence, lorsqu'elle est bien nourrie, prend racine et grandit, produisant une foi solide et une vie chrétienne fructueuse.

La Parole de Dieu est vivante et puissante. Elle pénètre au plus profond de l'être humain, entre les pensées et les intentions du cœur. Hébreux 4, 12 nous dit : « **Car la parole de Dieu est vivante et efficace, plus tranchante qu'aucune épée à deux tranchants, pénétrant jusqu'à partager l'âme et l'esprit, les jointures et les moelles, et elle juge les sentiments et les pensées du cœur ».**

Lire, méditer et écouter la Parole de Dieu n'est donc pas un simple acte intellectuel ; c'est une activité spirituelle qui nourrit notre foi et transforme notre vie. La Parole est vivante, elle agit comme une lampe pour notre pied et une lumière sur notre sentier (Psaume 119, 105). À chaque fois que nous nous immergeons dans les Écritures, notre foi grandit, notre compréhension s'éclaircit et notre relation avec Dieu se renforce.

La prière est indissociable de la Parole de Dieu. Si la Parole nourrit notre foi, la prière est le moyen par lequel nous la vivons et la mettons en action. Les deux se complètent. Dans 1 Jean 5, 14 - 15, nous lisons : « **Et voici l'assurance que nous avons auprès de lui : si nous demandons quelque chose selon sa volonté, il nous écoute. Et si nous savons qu'il nous écoute, nous savons que nous avons ce que nous lui avons demandé ».**

La foi dans la prière est intimement liée à la Parole de Dieu. Quand nous prions en nous appuyant sur les promesses contenues dans la Bible, nous prions avec foi. Nous savons que Dieu entend et qu'il répond à Ses promesses. Jésus, dans ses enseignements, nous a invités à prier en utilisant Sa Parole. Dans Marc 11, 24, Il dit : « **C'est pourquoi je vous dis : tout ce que vous demanderez en priant, croyez que vous l'avez reçu, et vous le verrez s'accomplir ».** La foi qui naît de la Parole de Dieu est essentielle pour une prière efficace.

La vie chrétienne n'est pas sans défis. Nous faisons face à des épreuves, à des échecs, à des luttes spirituelles et physiques. Mais c'est précisément dans ces moments-là que la Parole de Dieu devient notre source de réconfort, de force et de persévérance. Jésus lui-même a affronté des tentations et des épreuves, et c'est par la Parole de Dieu qu'il a résisté à Satan. À chaque tentation, Jésus répondait : **« Il est écrit »** (Matthieu 4, 4 ; 4, 7 ; 4, 10).

De même, nous devons répondre aux difficultés de la vie par la Parole de Dieu. Lorsque nous nous sentons accablés, la Parole de Dieu nous rappelle qui nous sommes en Christ, ce que Dieu a promis et comment Il agit dans nos vies. Par exemple, dans Psaume 23, 4, le psalmiste déclare : **« Quand je marche dans la vallée de l'ombre de la mort, je ne crains aucun mal, car tu es avec moi ».** Cette promesse de la présence constante de Dieu nous donne de la foi pour affronter les moments de crise.

La Parole de Dieu est aussi un remède contre le doute. Lorsque nous sommes tentés de douter de l'amour de Dieu ou de Sa fidélité, la Bible nous rappelle que **« l'amour de Dieu est répandu dans nos cœurs par l'Esprit Saint qui nous a été donné »** (Romains 5, 5). En méditant sur les promesses de Dieu, nous fortifions notre foi et nous devenons capables de persévérer dans les épreuves.

La Parole de Dieu est aussi une source de guérison et de miracles. Jésus a dit : **« Les paroles que je vous ai dites sont esprit et vie »** (Jean 6, 63). Quand nous recevons la Parole de Dieu avec foi, elle produit des résultats dans notre vie. Cela est particulièrement vrai pour la guérison physique et spirituelle.

Dans le Livre des Psaumes, il est écrit : **« Il envoyait sa parole et les guérissait, et les délivrait de leurs destructions »** (Psaume 107, 20). Cette Parole de Dieu, reçue avec foi, a le pouvoir de guérir. Que ce soit dans des situations physiques, émotionnelles ou spirituelles, la Parole de Dieu agit comme une semence qui porte du fruit.

Dans l'évangile de Matthieu, nous voyons Jésus guérir les malades simplement par Sa Parole. Quand un centurion s'approche de Lui pour demander la guérison de son serviteur, Jésus lui répond : **« Va, il te sera fait selon ta foi »** (Matthieu 8, 13). La Parole de Jésus a suffi pour guérir le serviteur à distance. C'est la même Parole qui, aujourd'hui, peut transformer des vies, restaurer des corps brisés et apporter une guérison spirituelle à ceux qui croient.

La foi qui découle de la Parole de Dieu ne doit pas être théorique, mais pratique. Nous devons appliquer la Parole dans notre quotidien, dans nos décisions, nos comportements, et notre manière de vivre. Dans Jacques 1, 22, il est écrit : **« Mettez en pratique la parole, et ne vous contentez pas de l'écouter, en vous trompant vous-mêmes ».** La foi chrétienne se vit dans l'obéissance à la Parole de Dieu.

Cela signifie que nous ne pouvons pas simplement lire la Bible et l'admirer comme un beau livre, mais nous devons l'intégrer dans notre vie. Par exemple, la Parole nous enseigne à aimer nos ennemis, à pardonner ceux qui nous ont fait du tort, à faire preuve de patience, de gentillesse, de générosité. Chaque jour, nous avons l'opportunité de mettre en pratique la Parole de Dieu, et ainsi de laisser notre foi croître et se manifester dans notre vie.

La Parole de Dieu est indispensable pour nourrir et fortifier notre foi. Elle est vivante, puissante et efficace, capable de transformer nos vies, de guérir nos blessures et de nous faire grandir spirituellement. La foi chrétienne n'est pas une foi abstraite, mais une foi ancrée dans la vérité révélée dans les Écritures.

Dans les chapitres à venir, nous voyons comment cette foi, nourrie par la Parole de Dieu, peut se manifester dans des domaines pratiques de la vie chrétienne. Mais pour commencer, nous devons comprendre que la foi véritable prend racine dans la Parole de Dieu. En méditant sur Ses promesses, en les confessant et en les vivant, nous permettons à Dieu d'agir puissamment dans notre vie.

Chapitre 3 : La foi et les miracles

La foi et les miracles sont étroitement liés dans les Écritures. Jésus lui-même a souvent déclaré que c'était la foi des personnes qui ouvrait la voie aux miracles dans leur vie. Mais qu'est-ce qu'un miracle, et pourquoi la foi est-elle essentielle pour en expérimenter la réalité ? Dans ce chapitre, nous explorons le lien entre la foi et les miracles, comment la foi permet de voir l'impossible se manifester, et comment chaque chrétien peut s'attendre à l'action de Dieu dans sa vie.

Un miracle, selon la Bible, est un événement qui dépasse les lois naturelles et humaines, une intervention directe de Dieu dans le monde pour accomplir ce qui est humainement impossible. Il peut se manifester sous différentes formes : guérison divine, délivrance d'un danger imminent, réconciliation, multiplication de ressources, etc. Un miracle est toujours un témoignage de la puissance de Dieu, de Sa souveraineté, et de Sa bienveillance envers Ses enfants.

Dans l'Ancien Testament, les miracles étaient souvent associés à des actions divines qui prouvaient la gloire de Dieu, comme la traversée de la mer Rouge (Exode 14), ou la provision de la manne dans le désert (Exode 16). Dans le Nouveau Testament, les miracles de Jésus, ainsi que ceux accomplis par Ses disciples, montrent que Dieu désire intervenir de manière surnaturelle dans la vie des croyants.

Mais les miracles ne sont pas seulement des événements spectaculaires. Ils sont des signes de l'amour et de la présence de Dieu dans notre vie quotidienne. Chaque miracle est une preuve tangible que Dieu est actif dans le monde et qu'Il n'est pas distant, mais proche, prêt à répondre à nos besoins.

La foi joue un rôle crucial dans l'expérience des miracles. En effet, la Bible nous enseigne que Dieu répond à la foi. Jésus a souvent souligné ce principe lorsqu'il a guéri les malades ou accompli des miracles. Par exemple, dans Matthieu 9, 29, après avoir guéri deux aveugles, Jésus leur dit : **« Il vous sera fait selon votre foi ».** Ce verset est une déclaration puissante qui montre que la foi active dans le cœur de celui qui demande est la clé qui ouvre la porte aux miracles.

De même, dans l'histoire de la guérison de la femme qui souffrait d'une perte de sang depuis 12 ans, Jésus lui dit : **« Ta foi t'a sauvée »** (Marc 5, 34). C'est la foi de cette femme, sa croyance que Jésus pouvait la guérir simplement en touchant son manteau, qui a activé le miracle.

Dans Matthieu 17, 20, Jésus dit encore : **« Si vous avez de la foi comme un grain de moutarde, vous direz à cette montagne : 'Transportes-toi d'ici là', et elle se transportera. Rien ne vous sera impossible ».** La foi, même minuscule, placée en Jésus, est suffisante pour accomplir des miracles. Ce qui compte, ce n'est pas la grandeur de la foi, mais la puissance de la personne en qui nous croyons : Jésus.

L'un des miracles les plus fréquents dans les Évangiles est celui de la guérison. Jésus guérissait des malades de toutes sortes de maladies : aveugles, boiteux, lépreux, paralysés, et même des cas apparcmment désespérés comme la résurrection de Lazare (Jean 11, 43 - 44). À chaque guérison, Jésus faisait souvent une remarque sur la foi des personnes concernées.

Dans Matthieu 9, 28 - 29, Jésus guérit deux aveugles et leur dit : **« Croyez-vous que je puisse faire cela ? ».** Ils répondent par l'affirmative, et Jésus leur dit : **« Il vous sera fait selon votre foi ».** La guérison des aveugles n'a pas été une simple question de pouvoir de Jésus, mais une réponse à leur foi.

De même, la guérison de la femme souffrant de pertes de sang est un exemple frappant de la relation entre la foi et la guérison. Dans Marc 5, 34, Jésus lui dit : **« Ta foi t'a sauvée ».** La foi de la femme a été la clé de sa guérison, et cela montre que la foi est un vecteur par lequel Dieu agit. Nous ne pouvons pas simplement attendre passivement un miracle ; nous devons nous approcher de Dieu avec une foi active.

Les miracles ne se limitent pas aux guérisons physiques. Ils concernent également des situations apparemment impossibles dans lesquelles la foi joue un rôle clé. Par exemple, Jésus a dit que « **rien ne vous sera impossible** » si vous avez la foi, même aussi petite qu'un grain de moutarde (Matthieu 17, 20).

Le miracle de la multiplication des pains (Jean 6, 5 - 13) est un exemple de foi qui permet à Dieu d'accomplir des miracles dans des situations apparemment sans issue. Lorsque Jésus se retrouve avec une grande foule à nourrir et seulement cinq pains et deux poissons, Il demande à Ses disciples de distribuer ce peu de nourriture. Par un miracle, Jésus multiplie les pains et les poissons pour nourrir toute la foule. Mais ce miracle ne se serait pas produit sans la foi de ceux qui ont obéi à l'instruction de Jésus.

De même, la foi est ce qui a permis à Pierre de marcher sur l'eau. Lorsque Jésus l'appelle à marcher sur les vagues, Pierre s'élance, mais lorsqu'il doute, il commence à sombrer (Matthieu 14, 29 - 31). Jésus lui tend alors la main et le sauve. Ce miracle est une illustration de la manière dont la foi en Jésus permet de surmonter les situations impossibles. Lorsque nous fixons nos yeux sur Lui, nous pouvons marcher sur des « eaux agitées » — des défis qui, autrement, nous submergeraient.

Les miracles de Jésus ne se produisent pas seulement dans des contextes de bénédiction, mais aussi dans des moments de crise. Lorsque les disciples étaient dans la tempête et que Jésus venait à eux en marchant sur l'eau, ils avaient peur et doutaient (Matthieu 14, 22 - 33). Mais Jésus leur dit : « **Ayez bon courage, c'est moi, n'ayez pas peur** ». Dans le même ordre d'idées, lorsque Lazare est mort, Jésus a dit à ses proches : « **Si tu crois, tu verras la gloire de Dieu** » (Jean 11, 40).

Lorsque nous faisons face à des crises dans nos vies — qu'elles soient émotionnelles, financières, ou spirituelles — la foi en Jésus peut transformer la situation. En croyant en Sa parole et en Sa promesse, nous ouvrons la porte à l'intervention divine. La foi nous permet de voir au-delà des circonstances visibles et de saisir la réalité invisible du royaume de Dieu.

La foi qui conduit aux miracles n'est pas une foi passive, mais une foi active, persévérante et alimentée par la Parole de Dieu. Voici quelques principes pratiques pour cultiver cette foi :

- **Lisez et méditez la Parole de Dieu** : Plus nous plongeons dans les Écritures, plus nous grandissons dans la connaissance de Dieu et dans notre foi en Ses promesses.
- **Priez avec confiance** : Lorsque nous prions, croyons que Dieu entend nos prières et qu'Il répond. La foi dans la prière est l'une des clés pour voir des miracles.
- **Agissez selon votre foi** : Comme l'exemple de Pierre qui a marché sur l'eau, nous devons parfois prendre des pas de foi, même quand cela semble irrationnel ou risqué. L'obéissance à Dieu dans la foi ouvre la voie à des miracles.
- **Soyez persévérants** : La foi ne se décourage pas facilement. Jésus nous enseigne que même si la réponse tarde, nous devons continuer à persévérer dans la foi (Luc 18, 1 - 8).

Les miracles ne sont pas seulement des événements spectaculaires du passé ; ils font partie intégrante de la vie chrétienne aujourd'hui. La foi est la clé qui permet à Dieu d'agir dans nos vies. En ayant foi en Dieu, en Ses promesses et en Sa puissance, nous ouvrons la voie à l'action divine, que ce soit pour la guérison, la délivrance, ou pour toute autre situation où nous avons besoin de l'intervention de Dieu.

Souvenons-nous que Jésus a dit : « **Tout est possible à celui qui croit** » (Marc 9, 23). La foi est la porte d'entrée vers l'invisible, là où les miracles se produisent.

Prière :

Seigneur, nous Te rendons grâce pour la puissance de la foi. Nous croyons que Tu es le même hier, aujourd'hui et éternellement, et que Tu accomplis encore des miracles. Augmente notre foi, Seigneur, et aide-nous à croire que rien n'est impossible pour Toi. Donne-nous la confiance pour Te demander ce dont nous avons besoin et la persévérance pour attendre Ta réponse. Au nom de Jésus, Amen.

Chapitre 4 : La foi en action

La foi est plus qu'un simple état d'esprit ou une conviction abstraite ; elle doit se traduire par des actes concrets. Dans ce chapitre, nous explorons ce que signifie avoir une foi en action, comment la foi transforme nos choix quotidiens, et comment elle nous pousse à agir dans l'obéissance à Dieu. Nous voyons également que la foi véritable n'est pas seulement une question de croyance intérieure, mais une foi qui se manifeste dans des œuvres.

L'un des enseignements les plus clairs de la Bible sur la foi en action vient de l'épître de Jacques. Dans Jacques 2, 17, il écrit : « **Ainsi, la foi, si elle n'a pas les œuvres, est morte en elle-même** ». Cela nous enseigne que la foi qui ne se manifeste pas par des actions concrètes est une foi inerte. La véritable foi, celle qui plaît à Dieu et qui a un impact sur notre vie et sur le monde autour de nous, est une foi vivante, qui se traduit par des œuvres de justice, d'amour, de service et d'obéissance.

Il ne suffit pas de dire que nous croyons ; il faut que cette croyance se manifeste dans notre comportement. Par exemple, si quelqu'un affirme avoir foi en Dieu mais ne vit pas selon Ses commandements, cette foi n'a pas de fruit. En revanche, si nous croyons que Dieu est fidèle, nous agirons en conséquence, en faisant confiance à Sa parole et en obéissant à Ses directives.

L'exemple d'Abraham, père de la foi, est l'un des plus puissants de l'Ancien Testament. Abraham a cru en Dieu et a mis cette foi en action de manière radicale. Dans Genèse 12, 1 - 4, Dieu appelle Abraham à quitter sa terre et à aller vers un pays inconnu. Abraham n'a pas seulement cru en la promesse de Dieu, il a agi en obéissant à cet appel, sans savoir exactement où il allait, mais en ayant confiance en Dieu.

Un autre exemple frappant de la foi en action se trouve dans le sacrifice d'Isaac. Dans Genèse 22, Dieu demande à Abraham de sacrifier son fils unique, Isaac, en lui ordonnant de monter sur le mont Moriah. Abraham, sans hésiter, obéit à Dieu, croyant que Dieu pouvait ressusciter Isaac ou pourvoir à un autre moyen pour accomplir Ses promesses. Ce moment est un exemple de foi qui agit dans l'obéissance, même lorsque les circonstances semblent contredire la promesse divine.

Dans Hébreux 11, 17 - 19, l'auteur souligne que « **par la foi, Abraham, lorsqu'il fut mis à l'épreuve, offrit Isaac; il avait reçu les promesses, et il offrait son fils unique** ». Cela montre que la foi véritable ne se contente pas de croire dans l'abstrait ; elle fait confiance à Dieu même dans des situations difficiles et obéit à Ses commandements, quels qu'en soient les enjeux.

La foi en action ne se limite pas aux grands événements de la vie. Elle s'exprime dans les choix quotidiens que nous faisons en tant que croyants. La foi doit toucher tous les aspects de notre vie : notre manière de travailler, d'aimer, de servir, de prendre des décisions, et de traiter les autres.

Dans Colossiens 3, 23, Paul dit : « **Tout ce que vous faites, faites-le de tout votre cœur, comme pour le Seigneur et non pour des hommes** ». Ce verset montre que chaque acte, aussi banal soit-il, peut-être une expression de foi si nous agissons dans l'obéissance à Dieu. Par exemple, lorsque nous traitons les autres avec amour et respect, lorsque nous travaillons avec honnêteté et diligence, ou lorsque nous prenons soin de notre santé, nous mettons notre foi en action.

La foi en action ne concerne pas seulement de grands gestes de foi, comme partir en mission ou accomplir un acte spectaculaire. Elle se manifeste aussi dans la manière dont nous vivons chaque jour en obéissant aux principes de Dieu et en recherchant Sa volonté dans les petites choses de la vie.

La prière est un acte de foi par excellence. Lorsque nous prions, nous affirmons que Dieu est capable d'agir dans notre vie, que ce soit pour apporter des changements dans nos circonstances, dans notre cœur, ou dans les vies des autres. La prière est donc une forme d'action qui découle de la foi.

Cependant, une prière de foi n'est pas une prière passive, mais active. Par exemple, dans Marc 11, 24, Jésus dit : **« C'est pourquoi je vous dis : tout ce que vous demanderez en priant, croyez que vous l'avez reçu, et cela vous sera accordé ».** Cela implique que, en priant, nous devons non seulement croire que Dieu entend et répond, mais aussi que nous devons agir comme si nous avons déjà reçu ce que nous demandons. La foi active dans la prière nous pousse à agir avec l'assurance que Dieu va répondre.

Un exemple concret de la foi en action à travers la prière est celui de l'histoire de l'apôtre Pierre en prison. Dans Actes 12, 5 - 17, Pierre est emprisonné, mais l'Église prie intensément pour lui. Lorsque l'ange de Dieu le délivre miraculeusement, il se rend directement chez Marie, où les croyants étaient rassemblés en prière. Leur foi en action par la prière a permis à Dieu d'intervenir de manière surnaturelle pour libérer Pierre.

Un autre domaine dans lequel la foi doit se traduire en action est celui de l'amour et de la charité. Jésus nous a enseigné que l'amour envers Dieu et envers notre prochain est le fondement de toute la loi (Matthieu 22, 37 - 40). Ce n'est pas seulement une croyance que nous avons au fond de nous, mais une action qui se concrétise dans des actes d'amour envers les autres.

Dans 1 Jean 3, 17 - 18, il est écrit : **« Si quelqu'un possède les biens du monde et voit son frère dans le besoin, et lui ferme son cœur, comment l'amour de Dieu demeure-t-il en lui ? Mes enfants, n'aimons pas en paroles et avec la langue, mais en actes et en vérité ».** Cela nous rappelle que la foi authentique s'exprime à travers des œuvres concrètes, notamment en venant en aide à ceux qui sont dans le besoin, en étant une source de soutien pour les opprimés, et en pratiquant la bienveillance dans nos interactions quotidiennes.

Les œuvres de charité, les actes de miséricorde, le pardon offert à ceux qui nous ont offensés, tout cela est le fruit de la foi qui est mise en action. Une foi qui ne se manifeste pas par l'amour et le service est une foi morte. La foi, lorsqu'elle est vivante, se voit dans nos actions envers Dieu et envers les autres.

Il est facile de vivre selon sa foi lorsque tout va bien, mais la véritable foi se manifeste dans les moments de difficulté. La foi ne consiste pas simplement à croire en Dieu lorsque les choses vont bien, mais à Lui faire confiance même dans les épreuves.

Un exemple puissant de foi en action dans les épreuves est celui de Daniel, qui, malgré la menace de la fosse aux lions, continua à prier trois fois par jour, comme il en avait l'habitude, ne craignant ni la persécution ni la mort (Daniel 6, 10). Sa foi ne s'est pas limitée à une croyance intérieure, mais s'est manifestée par des actes d'obéissance et de persévérance. Sa confiance en Dieu dans la tribulation a permis à Dieu de le délivrer miraculeusement.

De même, dans nos épreuves, la foi en action peut nous amener à persévérer, à choisir la paix plutôt que l'inquiétude, à répondre à la haine par l'amour, et à continuer à faire confiance à Dieu malgré les circonstances. Ce genre de foi active est celui qui apporte les bénédictions de Dieu, même dans la difficulté.

La foi véritable est une foi en action. Elle se traduit dans notre manière de vivre, de prier, d'aimer et de servir. La foi sans les œuvres est morte, mais la foi active transforme notre vie et celle des autres. Si nous croyons que Dieu est capable, notre foi doit se manifester par des actions qui révèlent cette confiance en Lui.

Ce n’est pas une question de faire des choses extraordinaires, mais d’être fidèle dans les petites choses. La foi en action est ce qui nous pousse à obéir à la Parole de Dieu, à faire ce qu’Il demande, et à croire que chaque acte de foi est important aux yeux de Dieu.

Prière :

Seigneur, merci pour la foi que Tu nous donnes. Aide-nous à mettre cette foi en action chaque jour, dans nos choix, nos paroles et nos actes. Que notre foi ne soit pas simplement une conviction intérieure, mais qu'elle se manifeste dans des œuvres d'amour, d'obéissance et de service. Fortifie-nous pour agir selon Ta volonté, et que nos vies soient un exemple pour les autres.

Chapitre 5 : L'opposition à la foi

La foi chrétienne, bien qu'elle soit une source de bénédiction, de paix et de puissance, rencontre également une opposition considérable. Cette opposition peut se manifester sous différentes formes : persécution, tentations, doutes, distractions, et même la résistance intérieure de notre propre chair. Dans ce chapitre, nous examinons les différentes manières dont la foi peut être opposée et comment y faire face selon les enseignements de la Bible. Nous voyons aussi comment, malgré l'opposition, la foi peut triompher et conduire à la victoire spirituelle.

La Bible enseigne clairement que le chrétien n'est pas seulement confronté à des défis humains, mais aussi à des forces spirituelles qui cherchent à ébranler sa foi. L'apôtre Paul nous avertit dans Éphésiens 6, 12 : **« Car notre lutte n'est pas contre la chair et le sang, mais contre les principautés, contre les autorités, contre les dominations de ce monde de ténèbres, contre les esprits méchants dans les lieux célestes ».**

Cela signifie que derrière les épreuves et les persécutions visibles, il existe une réalité invisible, un combat spirituel qui cherche à démoraliser les croyants et à les éloigner de leur foi en Dieu. Satan et ses démons utilisent différentes tactiques pour semer le doute, l'angoisse, la confusion et la tentation dans le cœur des croyants. L'un des objectifs principaux de cet ennemi est de s'attaquer à notre foi, car il sait que la foi est la clé de la victoire chrétienne.

Dans 1 Pierre 5, 8, Pierre nous met en garde : **« Soyez sobres, veillez. Votre adversaire, le diable, rôde comme un lion rugissant, cherchant qui il dévorera ».** L'opposition spirituelle à la foi peut se manifester sous forme de tentations, de mensonges, de découragements, ou encore de persécutions directes.

C’est un combat constant, mais Dieu nous assure qu’Il nous a donné l’autorité en Christ pour résister au diable.

L’une des formes les plus visibles d’opposition à la foi chrétienne est la persécution. Jésus a averti Ses disciples qu’ils seraient persécutés à cause de leur foi. Dans Matthieu 5, 11 - 12, Il dit : « **Heureux êtes-vous quand on vous insulte et qu’on vous persécute, et qu’on dit faussement contre vous toute sorte de mal à cause de moi. Réjouissez-vous et soyez dans l’allégresse, car votre récompense sera grande dans les cieux** ».

Au cours de l’histoire, les chrétiens ont été persécutés de nombreuses façons : emprisonnement, tortures, exécutions, et même l’exil. Aujourd’hui encore, dans de nombreuses parties du monde, des chrétiens sont persécutés pour leur foi, ce qui constitue une forme d’opposition directe à leur croyance en Jésus-Christ.

La persécution peut revêtir diverses formes, allant des moqueries et de l’ostracisme social à la violence physique et à l’emprisonnement. Mais la Bible nous enseigne à faire face à cette opposition avec courage, confiance et persévérance. L’exemple des premiers chrétiens, et en particulier des apôtres, montre qu’ils ont accepté la persécution comme un honneur, un moyen de témoigner de leur fidélité à Jésus (Actes 5, 41).

L’un des plus grands exemples de persécution dans l’Église primitive est celui de l’apôtre Paul, qui a subi des emprisonnements, des flagellations, des naufrages et des menaces de mort pour sa foi. Pourtant, Paul a exhorté les chrétiens à ne pas se décourager et à rester fermes dans la foi : « **Car je sais en qui j’ai cru, et je suis persuadé qu’il est capable de garder mon dépôt jusqu’à ce jour-là** ». (2 Timothée 1, 12).

En plus des forces extérieures qui s’opposent à notre foi, chaque chrétien fait face à des luttes intérieures. L’un des plus grands défis que les croyants rencontrent est le doute. Quand les épreuves s'intensifient ou que les prières semblent sans réponse, les doutes peuvent surgir dans notre cœur. L'adversaire utilise parfois ces moments de faiblesse pour semer des pensées d'incrédulité et de découragement.

Dans Marc 9, 24, un père qui cherche la guérison pour son fils malade s'écrie : **« Je crois, Seigneur ! Viens en aide à mon incrédulité ! ».** Ce cri sincère montre que même une foi faible ou mêlée de doutes peut encore recevoir l'intervention de Dieu.

Les doutes ne sont pas un péché en soi, mais c'est l'attitude avec laquelle nous les traitons qui fait la différence. Lorsque le doute surgit, il est important de se rappeler les promesses de Dieu et de renforcer notre foi par la prière, la méditation de la Parole et la communion avec d'autres croyants. Jésus, lorsqu'il a guéri des malades, a parfois demandé : **« Crois-tu que je peux faire cela ? »** (Matthieu 9, 28). Il nous invite à renouveler constamment notre foi et à la porter devant Lui, même lorsque nous luttons avec des doutes.

Un autre aspect de l'opposition à la foi est l'influence du monde qui cherche à nous détourner de Dieu. Dans 1 Jean 2, 15 - 16, nous sommes avertis : **« N'aimez pas le monde, ni les choses qui sont dans le monde. Si quelqu'un aime le monde, l'amour du Père n'est pas en lui. Car tout ce qui est dans le monde, la convoitise de la chair, la convoitise des yeux et l'orgueil de la vie, ne vient pas du Père, mais du monde ».**

Le monde, avec ses distractions, ses plaisirs temporaires et ses philosophies, peut facilement attirer l'attention des croyants et les éloigner de leur engagement envers Dieu. L'opposition du monde prend souvent la forme de pressions sociales, de compromis moraux, ou d'une tentation de se conformer à la culture dominante qui ignore ou rejette Dieu. L'attrait pour les biens matériels, la recherche du succès personnel, ou même la quête de reconnaissance sociale peuvent distraire les croyants de leur priorité, qui est de suivre Christ et de vivre selon Sa volonté.

Dans Romains 12, 2, Paul nous exhorte : **« Ne vous conformez pas au siècle présent, mais soyez transformés par le renouvellement de l'intelligence, afin que vous discerniez quelle est la volonté de Dieu, ce qui est bon, agréable et parfait ».** Cela signifie que nous devons résister à la pression du monde, et rester fidèles à nos convictions chrétiennes, même si elles sont en décalage avec les attentes de la société.

La Bible nous donne plusieurs clés pour résister à l'opposition et garder notre foi intacte :

1. **Rester enraciné dans la Parole de Dieu** : La Bible est notre fondement et notre source de force. Jésus Lui-même a résisté aux tentations de Satan en citant les Écritures (Matthieu 4, 1 - 11). La méditation quotidienne de la Parole de Dieu nous aide à rester fermes dans la foi.
2. **La prière constante** : Jésus a enseigné que nous devions prier sans cesse (Luc 18, 1). La prière nous permet de puiser dans la force de Dieu pour affronter les épreuves et de demander Son intervention face à l'opposition.
3. **Se tenir fermes dans la foi** : Pierre nous exhorte à **« résister fermement dans la foi »** (1 Pierre 5, 9), sachant que nos frères et sœurs dans le monde entier traversent des épreuves similaires. Le soutien de la communauté chrétienne est crucial pour maintenir notre foi.
4. **Persévérer dans l'espérance** : L'espérance chrétienne repose sur la certitude que Dieu nous apportera la victoire, même dans les moments les plus sombres. Dans Romains 8, 37, Paul déclare : **« Mais dans toutes ces choses, nous sommes plus que vainqueurs par celui qui nous a aimés ».**

L’opposition à la foi est inévitable, mais elle ne doit pas nous faire chanceler. Jésus nous a promis qu'Il a vaincu le monde (Jean 16, 33), et c’est en Lui que nous avons la victoire. Chaque forme d’opposition — qu’elle soit spirituelle, extérieure, intérieure ou culturelle — peut être surmontée par la foi en Christ. Comme les premiers chrétiens, nous pouvons triompher de la persécution, des tentations, des distractions du monde et des doutes intérieurs, en restant fermes dans la foi et en faisant confiance aux promesses de Dieu.

Les difficultés que nous rencontrons ne sont pas une fin en soi, mais une occasion pour Dieu de démontrer sa Puissance.

Chapitre 6 : La foi et la prière

La prière et la foi sont intimement liées dans la vie chrétienne. La prière est l'expression de notre relation avec Dieu, tandis que la foi est la clé qui ouvre la porte de la réponse divine. Dans ce chapitre, nous explorons l'importance de la prière dans la vie de foi, comment la foi affecte notre manière de prier, et comment la prière est un instrument puissant qui renforce et manifeste la foi. Nous voyons également quelques principes essentiels pour prier avec foi.

La prière, c'est avant tout un acte de foi. Lorsque nous prions, nous croyons que Dieu existe, qu'Il nous entend et qu'Il répond à nos besoins. La prière sans foi est vide, car elle ne repose pas sur la conviction que Dieu est réellement capable d'agir. La foi est la condition préalable pour que la prière soit efficace.

Dans **Hébreux 11, 6**, il est écrit : « **Or sans la foi, il est impossible de lui être agréable; car il faut que celui qui s'approche de Dieu croie que Dieu existe, et qu'il récompense ceux qui le cherchent** ». Ce verset nous enseigne que la foi est indispensable pour que notre relation avec Dieu, et en particulier notre vie de prière, soit vivante et fructueuse. Lorsque nous prions, nous devons croire que Dieu écoute et qu'Il agit en fonction de notre foi.

Jésus Lui-même a souvent insisté sur l'importance de la foi dans la prière. Dans **Marc 11, 24**, Il dit : « **C'est pourquoi je vous dis : tout ce que vous demanderez en priant, croyez que vous l'avez reçu, et cela vous sera accordé** ». Jésus lie ici la prière à la foi en affirmant que la prière doit être accompagnée de la certitude que Dieu répondra.

La prière de foi n'est pas simplement une prière faite de désirs personnels ou de demandes égoïstes. Elle doit être alignée avec la volonté de Dieu. Jésus nous a enseigné à prier : « **Que ta volonté soit faite sur la terre comme au ciel** »

(Matthieu 6, 10). Cela signifie que notre foi doit être ancrée dans la reconnaissance que Dieu connaît ce qui est meilleur pour nous, et que nous devons Lui faire confiance pour répondre à nos prières de la manière la plus juste.

Lorsque nous prions avec foi, nous devons demander selon la volonté de Dieu. **1 Jean 5, 14 - 15** dit : « **Nous avons auprès de lui cette assurance, que si nous demandons quelque chose selon sa volonté, il nous écoute. Et si nous savons qu'il nous écoute, nous savons que nous avons ce que nous lui avons demandé ».** Cela nous montre que la prière de foi implique non seulement de croire en la capacité de Dieu de répondre, mais aussi de nous aligner sur Sa volonté.

Cela ne signifie pas que Dieu nous donne toujours exactement ce que nous demandons, mais qu'Il répond selon ce qui est meilleur pour nous et pour Son royaume. Parfois, nous demandons quelque chose qui ne correspond pas à Sa volonté, et c'est pourquoi il est important de toujours rechercher la volonté de Dieu dans nos prières.

Une autre dimension importante de la prière est la persévérance. Parfois, nous prions pour une même chose pendant longtemps sans voir de réponse immédiate. Cela peut nous amener à douter ou à abandonner. Cependant, la foi nous pousse à persévérer dans la prière, sachant que Dieu entend et répond toujours, même si Sa réponse ne se fait pas attendre tout de suite.

Jésus nous a enseigné la persévérance dans la prière par la parabole de la veuve importune (Luc 18, 1 - 8). Dans cette parabole, une veuve désespérée va sans cesse voir un juge injuste, lui demandant justice. Finalement, le juge cède à sa demande, non par justice, mais parce qu'il est fatigué de ses supplications incessantes. Jésus utilise cette histoire pour nous enseigner qu'il ne faut jamais cesser de prier et que Dieu, qui est juste, répondra sûrement à nos prières.

Dans **Matthieu 7, 7**, Jésus déclare : « **Demandez, et l'on vous donnera; cherchez, et vous trouverez; frappez, et l'on vous ouvrira ».** Ces trois verbes — demander, chercher, frapper — indiquent l'idée de persévérer. La prière de foi est donc une prière qui persiste, même face à l'attente ou à l'apparente absence de réponse.

Un exemple puissant de la prière de foi est l'histoire de la prière de foi d'Elie, le prophète d'Israël. Dans **Jacques 5, 16 - 18**, il est écrit : **« La prière fervente du juste a une grande efficacité. Élie était un homme de la même nature que nous; il pria avec insistance pour qu'il ne pleuve pas, et il ne tomba pas de pluie sur la terre pendant trois ans et six mois. Puis il pria de nouveau, et le ciel donna de la pluie et la terre produisit ses fruits ».**

Elie a prié avec une foi ferme, croyant que Dieu agirait. Il a prié non pas pour ses propres désirs, mais pour la volonté de Dieu sur Israël, et sa prière a été exaucée. Cela nous montre que la prière de foi n'est pas simplement une question de demander quelque chose pour soi-même, mais de chercher la volonté de Dieu et de prier avec ferveur et persévérance.

La prière de foi implique également de demander avec assurance, sans douter. Dans **Jacques 1, 6 - 7**, il est écrit : **« Mais qu'il demande avec foi, sans douter, car celui qui doute est semblable à une vague de mer agitée par le vent, et il ne faut pas que cet homme s'imagine qu'il recevra quoi que ce soit du Seigneur ».** La prière de foi repose sur une confiance totale en la fidélité de Dieu. Si nous prions avec des doutes, cela peut entraver notre capacité à recevoir ce que Dieu veut nous donner.

La foi ne consiste pas à simplement espérer que Dieu répondra, mais à être pleinement convaincu qu'Il répondra à notre prière selon Sa volonté parfaite. Cette assurance ne vient pas de nos émotions ou de nos capacités, mais de la confiance en la promesse de Dieu de répondre à la prière de ceux qui cherchent Sa volonté.

La prière de foi n'est pas uniquement une question de mots ou de demandes spécifiques, mais aussi de la manière dont nous nous approchons de Dieu. Dans **Jean 4, 24**, Jésus dit : **« Dieu est esprit, et il faut que ceux qui l'adorent l'adorent en esprit et en vérité ».** Cela signifie que notre prière doit être authentique et guidée par l'Esprit de Dieu.

Prier en esprit signifie que nous prions sous l'inspiration de l'Esprit Saint, qui nous guide dans nos prières et nous aide à exprimer nos besoins d'une manière qui est conforme à la volonté de Dieu. En **Romains 8, 26**, Paul nous dit que **« l'Esprit lui-même intercède pour nous, par des soupirs ineffables ».** Même lorsque nous ne savons pas quoi demander, l'Esprit Saint nous aide à prier selon la volonté de Dieu.

La prière en vérité, c'est venir devant Dieu avec un cœur sincère, sans hypocrisie ni faux-semblants. Dieu ne cherche pas des prières pleines de formules, mais des prières venant du cœur, qui expriment notre foi et notre dépendance envers Lui.

La prière de foi est l'un des moyens les plus puissants par lesquels Dieu agit dans nos vies. Elle est fondée sur la confiance en la nature fidèle et aimante de Dieu, et elle demande une conviction profonde que Dieu écoute et répond à ceux qui prient avec foi.

Lorsque nous prions avec foi, nous croyons en la capacité de Dieu à changer les choses. Nous croyons qu'Il est plus grand que nos problèmes, qu'Il a la solution à nos besoins, et qu'Il travaille toujours pour notre bien. La prière n'est pas seulement une façon de demander, mais aussi un moyen de renforcer notre relation avec Dieu, de nourrir notre foi et de voir Sa puissance se manifester dans nos vies.

Prière :

Seigneur, je Te remercie pour la puissance de la prière et pour le don précieux de la foi. Aide-moi à prier avec une foi ferme, en croyant que Tu écoutes mes prières et que Tu réponds toujours selon Ta volonté parfaite. Renouvelle ma confiance en Toi, et donne-moi la persévérance pour continuer à chercher Ta face, quel que soit le temps d'attente. Que ma prière soit un acte vivant de foi, toujours alignée avec Ta volonté. Amen.

Chapitre 7 : La foi et les promesses de Dieu

Les promesses de Dieu sont un fondement essentiel dans la vie chrétienne. Elles sont une source constante d'encouragement, de force et d'espérance pour ceux qui croient en Lui. Mais pour que les promesses de Dieu soient pleinement réalisées dans notre vie, il est nécessaire de les saisir par la foi. Ce chapitre explore l'importance de comprendre et de s'approprier les promesses divines, ainsi que le rôle de la foi dans leur accomplissement. Nous verrons également comment vivre selon ces promesses pour voir Dieu à l'œuvre dans nos vies.

Dès le début de l'Ancien Testament, Dieu a établi des promesses pour Son peuple. Ces promesses sont devenues un héritage précieux pour tous ceux qui placent leur foi en Lui. Dieu, dans Sa fidélité, ne renie jamais Ses promesses. **« Car toutes les promesses de Dieu sont en lui 'oui', et en lui 'Amen', pour la gloire de Dieu par nous** » (2 Corinthiens 1, 20). Cette déclaration de l'apôtre Paul nous rappelle que chaque promesse de Dieu trouve son accomplissement en Jésus-Christ, et c'est par Lui que nous avons accès à ces bénédictions.

Les promesses de Dieu couvrent tous les aspects de la vie : la rédemption, la guérison, la paix, la prospérité spirituelle, la protection, la direction, et la puissance pour accomplir Sa volonté. Elles sont un reflet de Sa bonté et de Son amour pour nous. Que ce soit dans les moments de prospérité ou de difficultés, les promesses de Dieu sont inébranlables.

Dans l'Ancien Testament, Dieu a fait des promesses à des individus comme Abraham, Moïse, David, et à tout le peuple d'Israël. Par exemple, à Abraham, Dieu a dit : **« Je ferai de toi une grande nation, je te bénirai, et je rendrai ton nom grand** » (Genèse 12, 2). Ces promesses ont traversé les siècles et trouvent leur accomplissement ultime dans la personne de Jésus-Christ, qui est la bénédiction promise à toutes les nations (Galates 3, 14).

Pour que les promesses de Dieu se réalisent dans nos vies, nous devons les recevoir par la foi. C'est la foi qui nous permet de saisir ce que Dieu a déjà préparé pour nous. Dieu a toujours agi selon la foi des croyants dans la Bible. Prenons l'exemple d'Abraham, qui a cru aux promesses de Dieu malgré son âge avancé et les circonstances qui semblaient impossibles. **« Il n'hésita pas, par incrédulité, à ne pas croire à la promesse de Dieu, mais il fut fortifié par la foi, donnant gloire à Dieu, pleinement convaincu que ce qu'il avait promis, il avait aussi le pouvoir de l'accomplir** » (Romains 4, 20 - 21).

C'est par la foi que nous appropriions les bénédictions de Dieu, tout comme Abraham. La foi est essentielle pour recevoir ce que Dieu a promis, car sans foi, il est impossible de plaire à Dieu (Hébreux 11, 6). Lorsque nous croyons que Dieu est fidèle et qu'Il accomplira ce qu'Il a dit, nous nous plaçons dans une position pour voir Sa puissance se manifester dans nos vies.

Dans **Hébreux 10, 23**, il est écrit : **« Rendons grâce à Dieu, qui a promis de nous bénir, et tenons fermes dans l'espérance, sans vaciller, car celui qui a fait la promesse est fidèle »**. Cette fidélité de Dieu est l'une des raisons pour lesquelles nous pouvons avoir une foi inébranlable. Ce n'est pas la taille de notre foi qui compte, mais la fidélité de celui en qui nous avons mis notre foi.

Les promesses de Dieu ne se réalisent pas toujours instantanément, et elles ne sont pas automatiques. Elles nécessitent souvent un acte de foi de notre part, un pas de confiance. Dans l'Ancien Testament, lorsque Dieu a promis de donner la terre promise à Israël, ce n'est pas sans effort que cette promesse s'est réalisée. Les Israélites ont dû marcher dans la foi, prendre possession de la terre et combattre des ennemis, mais Dieu était avec eux à chaque étape (Josué 1, 3).

De même, dans notre vie spirituelle, la foi active est celle qui agit sur la promesse de Dieu, même lorsque les circonstances semblent contraires. Si nous croyons en la promesse de Dieu concernant notre guérison, notre prospérité spirituelle ou la restauration de notre famille, nous devons l'approprier par des actions concrètes. Cela peut être par la prière, la proclamation de la Parole de Dieu, la persévérance, ou même la déclaration de foi devant les situations qui semblent sans espoir.

Dans **Jacques 2, 17**, il est écrit : « **Ainsi la foi, si elle n'a pas les œuvres, est morte en elle-même** ». Cela signifie que la foi vivante produit des actions qui correspondent à ce que nous croyons. Si nous croyons que Dieu va pourvoir à nos besoins, nous ne devons pas simplement prier, mais aussi agir dans la confiance que Sa provision est sur le point d'arriver.

Il est facile de croire en Dieu lorsque tout va bien, mais les moments de difficulté révèlent la profondeur de notre foi. C'est dans les épreuves que la foi est mise à l'épreuve, et que les promesses de Dieu deviennent un soutien essentiel. Dans **Esaïe 41, 10**, Dieu promet : « **Ne crains rien, car je suis avec toi; ne sois pas inquiet, car je suis ton Dieu; je te fortifie, je viens à ton secours, je te soutiens de ma droite triomphante** ».

Cela montre que même dans les moments de crise, la foi en Dieu et en Ses promesses nous aide à tenir bon. Lorsque nous traversons des tempêtes dans notre vie, comme la maladie, la perte d'un emploi, ou les luttes relationnelles, les promesses de Dieu sont une ancre pour notre âme. Par exemple, **Philippiens 4, 19** déclare : « **Et mon Dieu pourvoira à tous vos besoins selon sa richesse, avec gloire, en Jésus-Christ** ». Si nous croyons en cette promesse, nous pouvons avoir la paix même dans des situations difficiles, sachant que Dieu pourvoira à nos besoins.

Lorsque nous sommes dans des situations difficiles, il est crucial de nous rappeler que Dieu ne nous a jamais laissés sans aide. Les promesses de Dieu sont particulièrement importantes dans ces moments, car elles nous rappellent la fidélité de Dieu et Sa capacité à intervenir dans nos vies.

Une autre vérité importante concernant les promesses de Dieu est la patience. Souvent, nous devons attendre avant que la promesse se manifeste. La foi n'est pas seulement un acte ponctuel, mais un processus continu de confiance en Dieu, même lorsque les choses ne se déroulent pas aussi rapidement que nous le voudrions. Dans **Hébreux 6, 12**, il est écrit : **« Afin que vous ne deveniez pas paresseux, mais que vous soyez imitateur de ceux qui, par la foi et la patience, héritent des promesses ».**

L'exemple d'Abraham nous montre que l'accomplissement des promesses de Dieu peut prendre du temps. **« Il n'hésita pas par incrédulité à ne pas croire à la promesse de Dieu, mais il fut fortifié par la foi »** (Romains 4, 20). Dieu n'est pas pressé, et Il sait quand et comment accomplir Ses promesses d'une manière qui est parfaite pour nous. Nous devons apprendre à patienter et à rester fermes dans la foi, sachant que ce qui est promis par Dieu sera accompli au moment juste.

Dans l'attente, la patience est cruciale. Cette attente ne doit pas être marquée par l'inquiétude ou le doute, mais par une foi qui est confiante en la fidélité de Dicu. Dans **Psaume 3, 7**, il est écrit : **« Garde le silence devant l'Éternel, et attends-le ».** La patience est une preuve de foi, car elle montre que nous croyons que Dieu agira à Son moment, non au nôtre.

En Jésus-Christ, toutes les promesses de Dieu trouvent leur « oui » et leur « Amen ». Par Sa mort et Sa résurrection, Jésus a rendu accessibles à tous les croyants les bénédictions et les promesses de Dieu. Cela inclut la réconciliation avec Dieu, la guérison spirituelle, la victoire sur le péché, et la vie éternelle. Jésus nous a aussi promis la présence de l'Esprit Saint, qui nous guide dans toute vérité et nous aide à accomplir la volonté de Dieu.

Les promesses de Dieu ne sont pas seulement pour ce monde, mais elles sont aussi un avant-goût de la gloire à venir. **2 Pierre 1, 4** nous rappelle que par Christ, nous devenons « participants de la nature divine », ce qui nous donne une espérance future de la plénitude de Dieu.

Les promesses de Dieu sont une source inépuisable de consolation, de force et d'espérance. La foi est la clé pour saisir ces promesses, les activer dans notre vie et les voir se réaliser. En gardant les yeux fixés sur Dieu et en nous tenant fermes dans notre foi, nous pouvons être assurés que ce qu'Il a promis, Il le fera. Que nos vies soient marquées par une confiance totale en les promesses divines, même lorsque l'attente semble longue, car Dieu est fidèle, et Sa parole ne faillit jamais.

Prière :

Seigneur, je Te rends grâce pour toutes les promesses que Tu as faites à Ton peuple. Aide-moi à m'accrocher à Ta Parole, à croire en Ta fidélité et à attendre patiemment l'accomplissement de tout ce que Tu as promis. Que ma foi ne vacille pas, même dans les moments difficiles, mais qu'elle repose entièrement sur Toi. Merci, Père, pour Ta fidélité inébranlable. Amen.

Chapitre 8 : La foi et la guérison

La guérison est l'une des promesses puissantes de Dieu pour Son peuple. Tout au long des Écritures, nous voyons des exemples de Dieu qui guérit des malades, restaure des corps brisés et apporte la santé à ceux qui croient. La guérison, cependant, n'est pas seulement un miracle physique. Elle inclut également la guérison émotionnelle et spirituelle. Dans ce chapitre, nous examinons le lien entre la foi et la guérison, comment la foi joue un rôle essentiel dans l'obtention de la guérison divine, et comment nous pouvons appliquer les principes de la foi pour expérimenter la guérison dans nos vies.

La guérison est clairement présente dans la Parole de Dieu comme une promesse pour Son peuple. Dans l'Ancien Testament, Dieu se révèle comme **« l'Éternel qui te guérit »** (Exode 15, 26). Cette déclaration de Dieu à Israël souligne que la guérison fait partie de la nature de Dieu, et qu'Il désire voir Son peuple en bonne santé. Dans **Psaume 103, 2 - 3**, il est écrit : **« Bénis l'Éternel, ô mon âme, et n'oublie aucun de ses bienfaits! C'est lui qui pardonne toutes tes iniquités, qui guérit toutes tes maladies ».** Ce verset établit que la guérison est un aspect de la bonté de Dieu, un bienfait qu'Il offre à Ses enfants.

Lorsque Jésus est venu sur Terre, Il a parfaitement révélé la volonté de Dieu en guérissant les malades. **Matthieu 4, 24** nous dit : **« Sa renommée se répandit dans toute la Syrie, et on lui amena tous les malades, ceux qui souffraient de diverses maladies et douleurs, ceux qui étaient possédés par des démons, les lunatiques et les paralytiques; et il les guérit ».** Jésus, par ses actions, a montré que la guérison fait partie intégrante du royaume de Dieu, et Il est venu pour restaurer toute la personne — corps, âme et esprit.

L'apôtre Pierre, dans **1 Pierre 2, 24**, rappelle également cette promesse de guérison : **« Lui qui a porté lui-même nos péchés dans son corps sur le bois,**

afin que, morts au péché, nous vivions pour la justice; c'est par ses meurtrissures que vous avez été guéris ». Ici, Pierre fait un lien direct entre la souffrance de Jésus à la croix et la guérison des croyants, soulignant que la guérison fait partie de l'œuvre rédemptrice accomplie par Jésus.

La foi est le moyen par lequel nous recevons la guérison de Dieu. Dans le Nouveau Testament, nous voyons que Jésus a souvent insisté sur le rôle de la foi dans le processus de guérison. Par exemple, lorsque la femme qui souffrait d'une hémorragie pendant douze ans touche le bord du vêtement de Jésus, Jésus lui dit : « **Ta foi t'a sauvée** » (Matthieu 9, 22). Elle a cru que Jésus pouvait la guérir, et cette foi a ouvert la porte de la guérison dans sa vie.

De même, dans **Marc 10, 52**, Jésus dit à un aveugle nommé Bartimée : « **Va, ta foi t'a sauvé ».** Ce n'était pas la magie des paroles de Jésus ou la puissance de l'acte en soi, mais la foi de la personne qui recevait la guérison. Jésus lui-même, dans **Matthieu 9, 29**, a dit : « **Qu'il vous soit fait selon votre foi ».**

Cela montre que la foi n'est pas seulement un état d'esprit ou une conviction vague ; elle est un principe actif qui permet de saisir la guérison que Dieu offre. La foi en Jésus-Christ, et en Sa capacité à guérir, est ce qui permet à la guérison de se manifester.

La guérison divine est une promesse qui est disponible pour tous, mais cela ne signifie pas que chaque guérison se produit instantanément ou de la manière dont nous l'attendons. Parfois, nous prions pour la guérison et celle-ci ne se manifeste pas immédiatement. Dans de tels moments, il est important de se rappeler que la volonté de Dieu pour notre guérison est toujours bonne, mais qu'Il agit selon Son propre timing et selon ce qui est le mieux pour nous.

Jésus a prié pour les malades avec une grande compassion, mais aussi avec l'assurance que la volonté de Dieu serait accomplie dans chaque situation. Dans

Luc 22, 42, Jésus, avant de subir Sa crucifixion, dit : « **Père, si tu veux, éloigne de moi cette coupe; cependant, que ce ne soit pas ma volonté, mais la tienne qui soit faite ».** Cela montre que, même lorsqu'il s'agit de guérison, il est crucial de se soumettre à la volonté parfaite de Dieu, en ayant confiance que, dans tous les cas, Son plan est toujours pour notre bien.

Cela ne veut pas dire que Dieu ne veut pas guérir, mais que dans certaines situations, Il peut utiliser la maladie pour nous enseigner quelque chose ou nous amener plus près de Lui. Cependant, Il nous a donné des promesses de guérison, et la foi en ces promesses nous aide à persévérer et à espérer, même lorsque nous ne voyons pas encore le résultat de nos prières.

Il existe plusieurs exemples dans les Écritures où la prière de foi a conduit à la guérison. Dans **Jacques 5, 14 - 15**, il est écrit : « **Quelqu'un parmi vous est malade? Qu'il appelle les anciens de l'Église, et que ceux-ci prient pour lui, en l'oignant d'huile au nom du Seigneur; et la prière de la foi sauvera le malade, et le Seigneur le relèvera ».** Ce passage nous enseigne que la prière de foi — accompagnée de l'onction d'huile — est un moyen de recevoir la guérison.

La prière de foi n'est pas une question de volonté humaine, mais de soumission à la volonté de Dieu, en croyant fermement qu'Il peut guérir. Il est important de ne pas perdre espoir, même si la guérison n'est pas immédiate. Dieu agit selon Son plan, mais la foi est essentielle pour recevoir ce qu'Il nous offre.

Dans **Marc 11, 24**, Jésus nous enseigne à prier avec foi, en croyant que ce que nous demandons est déjà accompli : « **C'est pourquoi je vous dis : tout ce que vous demanderez en priant, croyez que vous l'avez reçu, et cela vous sera accordé ».** Cette parole de Jésus souligne l'importance de la foi dans la prière. Si nous prions pour la guérison, nous devons croire que Dieu a déjà entendu notre prière et qu'Il est capable d'accomplir Sa promesse.

La guérison divine ne concerne pas seulement le corps, mais aussi l'âme et l'esprit. Dans **Psaume 147, 3**, il est dit : **« Il guérit ceux qui ont le cœur brisé, et il panse leurs blessures ».** Dieu se soucie de notre bien-être global, et la guérison inclut la guérison de notre cœur brisé, de nos traumatismes émotionnels, et de notre esprit accablé par le péché ou la culpabilité.

Souvent, la guérison physique peut être liée à des blessures émotionnelles ou spirituelles non guéries. Par exemple, Jésus a dit à un paralytique : **« Tes péchés te sont pardonnés »** avant de lui ordonner de se lever et de marcher (Matthieu 9, 2 - 7). Cela nous montre que la guérison spirituelle (le pardon des péchés) précède parfois la guérison physique.

Lorsque nous venons à Dieu avec foi, nous devons également Lui apporter nos blessures intérieures, nos blessures émotionnelles, et nos luttes spirituelles. Dieu est capable de guérir toutes les dimensions de notre être — notre corps, notre âme et notre esprit.

La guérison n'est pas seulement une question individuelle, mais elle peut aussi se manifester dans le cadre de la communauté de croyants. Jésus a dit : **« Si deux d'entre vous s'accordent sur la terre pour demander quoi que ce soit, cela leur sera accordé par mon Père qui est dans les cieux »** (Matthieu 18, 19). La communauté de foi joue un rôle essentiel dans l'activation de la guérison, que ce soit par la prière d'accord, l'encouragement mutuel, ou l'onction d'huile.

Lorsque nous faisons face à des luttes physiques, émotionnelles ou spirituelles, il est important de nous entourer d'autres croyants qui prient avec nous, qui nous soutiennent dans la foi, et qui croient avec nous à la guérison divine. La foi de la communauté peut être un catalyseur puissant pour l'accomplissement des promesses de guérison de Dieu.

La guérison divine est une promesse que Dieu a faite à Son peuple, une promesse qui se reçoit par la foi. En croyant que Dieu peut guérir, en priant avec foi et en attendant avec patience, nous permettons à Dieu d'accomplir Ses miracles dans nos vies. La foi en la guérison est une foi vivante, active, qui ne se repose pas sur les circonstances visibles mais qui repose sur la vérité de la Parole de Dieu.

Que chaque croyant puisse expérimenter la guérison de Dieu — non seulement pour son corps, mais aussi pour son âme et son esprit. Puissions-nous placer toute notre confiance en Dieu, qui est fidèle à Ses promesses et puissant pour guérir toutes nos maladies.

Prière :

Seigneur, je viens devant Toi avec foi, croyant en Ta capacité à guérir, à restaurer et à renouveler. Je déclare que Tu es l'Éternel qui guérit, et je place ma vie entre Tes mains. Guéris-moi, Seigneur, de tout mal, qu'il soit physique, émotionnel ou spirituel. Je fais confiance à Ta volonté et à Ton timing parfait. Amen.

Chapitre 9 : La foi et les défis de la vie

La vie chrétienne n'est pas exempte de défis, de luttes et d'épreuves. Chaque croyant, sans exception, rencontre des moments de difficulté, de doute, ou même de souffrance. Pourtant, la Bible nous enseigne que la foi peut non seulement nous aider à surmonter ces défis, mais qu'elle est la clé pour en sortir victorieux. Dans ce chapitre, nous explorons comment la foi nous permet de faire face aux défis de la vie, qu'ils soient spirituels, émotionnels, physiques ou sociaux. Nous voyons aussi comment une foi solide en Dieu transforme nos difficultés en occasions de croissance et de témoignage de Sa puissance.

Le simple fait de suivre Jésus ne signifie pas que la vie sera sans souffrance. Jésus Lui-même a averti Ses disciples dans **Jean 16, 33** : **« Je vous ai dit ces choses, afin que vous ayez la paix en moi. Vous aurez des tribulations dans le monde; mais prenez courage, j'ai vaincu le monde ».** Ce verset souligne que les difficultés font partie de la vie terrestre, mais que nous avons un modèle, un Sauveur qui a surmonté le monde et ses épreuves.

Les défis que nous rencontrons peuvent se manifester sous de nombreuses formes : des épreuves financières, des problèmes de santé, des conflits relationnels, des persécutions ou des tentations spirituelles. La foi ne nous épargne pas des difficultés, mais elle nous donne la force, la sagesse et l'espoir nécessaires pour y faire face.

La Bible ne nous promet pas une vie sans difficultés, mais elle nous assure que, avec Dieu, nous pouvons les surmonter. **1 Corinthiens 10, 13** nous rappelle : **« Aucune tentation ne vous est survenue qui n'ait été humaine; et Dieu est fidèle, qui ne permettra pas que vous soyez tentés au-delà de vos forces, mais avec la tentation, il préparera aussi le moyen d'en sortir, afin que vous**

puissiez la supporter ». Dieu sait exactement ce que nous traversons, et Il nous donne la force d'affronter chaque défi.

La foi chrétienne n'est pas une foi passive qui ignore les difficultés, mais une foi active qui croit que Dieu est plus grand que toutes les épreuves de la vie. En tant que croyants, nous avons la capacité de surmonter les obstacles par la puissance de Dieu, qui agit en nous. Cela ne signifie pas que nous serons exempts de douleur, mais que Dieu peut utiliser chaque difficulté pour nous raffermir et nous rapprocher de Lui.

Dans **Hébreux 11**, souvent appelé le « chapitre de la foi », nous voyons une longue liste de héros de la foi qui ont affronté des défis majeurs et des souffrances incroyables, mais qui ont persévéré grâce à leur foi en Dieu. **Hébreux 11, 32 - 34** parle de ceux qui « par la foi ont conquis des royaumes, exercé la justice, obtenu des promesses, fermé la gueule des lions, éteint la puissance du feu, échappé au tranchant de l'épée, ont été guéris de leurs infirmités, ont été rendus forts dans la guerre, et ont mis en déroute des armées étrangères ».

Ces exemples de foi ne sont pas là pour nous impressionner seulement, mais pour nous montrer qu'il est possible de traverser l'adversité tout en restant fidèles à Dieu. La foi permet non seulement de tenir bon dans les épreuves, mais aussi d'en sortir plus fort et plus proche de Dieu.

L'une des plus grandes questions que nous nous posons dans les moments de difficulté est : **« Pourquoi Dieu permet-il la souffrance? ».** La Bible nous donne plusieurs perspectives qui peuvent nous aider à comprendre ce processus. La souffrance, bien que difficile, n'est pas sans but. Parfois, elle est le résultat des choix humains ou de la nature déchue du monde, mais Dieu peut et utilise la souffrance pour accomplir Son plan dans nos vies.

Dans **Romains 5, 3 - 4**, l'apôtre Paul nous enseigne que « **nous nous glorifions aussi dans les afflictions, sachant que l'affliction produit la patience, la patience produit la vertu éprouvée, et la vertu éprouvée produit l'espérance ».** Ce passage nous montre que la souffrance, lorsqu'elle est vécue avec une foi active, peut produire des fruits spirituels. Elle développe en nous la patience, l'espérance et la persévérance.

De plus, dans **Jacques 1, 2 - 4**, il est écrit : « **Mes frères, regardez comme un sujet de joie complète les diverses épreuves auxquelles vous pouvez être exposés, sachant que l'épreuve de votre foi produit la patience. Mais il faut que la patience accomplisse une œuvre parfaite, afin que vous soyez parfaits et accomplis, sans faillir en rien ».** Cela nous enseigne que les épreuves sont utilisées par Dieu pour nous perfectionner. À travers elles, notre foi est éprouvée et purifiée, ce qui nous rend plus matures dans notre relation avec Dieu.

La souffrance, loin d'être un obstacle à la foi, peut devenir un terrain fertile où Dieu œuvre puissamment pour transformer notre caractère et nous amener à une plus grande ressemblance avec Christ.

L'un des aspects les plus importants de la foi dans les défis de la vie est la persévérance. Il est facile de croire quand tout va bien, mais c'est dans les moments de difficulté que la foi doit se manifester le plus. **Hébreux 10, 36** nous exhorte : « **Car vous avez besoin de persévérance, afin qu'après avoir accompli la volonté de Dieu, vous obteniez ce qui vous est promis ».**

La persévérance, c'est cette capacité à tenir ferme dans la foi, même lorsque les choses semblent difficiles ou désespérées. C'est la conviction que, même si nous ne voyons pas immédiatement la sortie de nos épreuves, Dieu est fidèle à Sa parole et que nous finirons par voir l'accomplissement de Ses promesses.

Les défis de la vie chrétienne, bien qu'ils soient éprouvants, ne sont pas là pour nous faire tomber, mais pour nous permettre de grandir dans notre foi et de devenir plus semblables à Christ. La persévérance dans la foi est la clé pour traverser la vallée des ombres de la mort, en restant fermes dans l'espérance que Dieu a un plan pour nous.

La foi chrétienne n'est pas une foi qui se contente de se replier sur soi-même dans les moments de difficulté. La foi véritable nous pousse à agir. Lorsque nous rencontrons des défis, la foi nous inspire à prier, à prendre des décisions sages, à chercher des conseils spirituels et à rester engagés dans les voies de Dieu.

La foi chrétienne est aussi une foi de proclamation. Lorsque nous faisons face à des défis, nous pouvons proclamer les promesses de Dieu, même si nous ne voyons pas immédiatement de résultats. **Marc 11, 23 - 24** nous enseigne : **« Je vous le dis en vérité, si quelqu'un dit à cette montagne : 'Ôte-toi de là et jette-toi dans la mer', et qu'il ne doute pas dans son cœur, mais qu'il croie que ce qu'il dit arrive, cela lui sera accordé ».** De la même manière, lorsque nous affrontons des montagnes dans nos vies, qu'elles soient physiques, émotionnelles ou spirituelles, la foi nous appelle à déclarer la victoire de Dieu sur ces défis, tout en persévérant dans la prière et l'action.

La foi ne se contente pas de rester passive face aux défis, elle nous pousse à avancer, à agir et à croire que Dieu interviendra pour nous, même lorsque les choses semblent impossibles.

La foi nous assure non seulement de la présence de Dieu dans nos défis, mais aussi de la victoire en Lui. Jésus a dit dans **Jean 16, 33** : **« Vous aurez des tribulations dans le monde; mais prenez courage, j'ai vaincu le monde ».** La victoire que Jésus a remportée sur la croix est notre victoire. Elle nous assure que, même au cœur de la lutte, la victoire est déjà acquise.

Le défi n'est donc pas un signe de l'abandon de Dieu, mais une occasion de voir la grandeur de Dieu se manifester dans notre vie. **Romains 8, 37** déclare : « **Mais dans toutes ces choses, nous sommes plus que vainqueurs par celui qui nous a aimés ».** Notre foi en Jésus nous place dans une position de victoire, même lorsque les circonstances semblent adverses.

Les défis de la vie sont inévitables, mais ils ne sont pas insurmontables. La foi en Dieu est la clé pour faire face à chaque épreuve avec courage, persévérance et espérance. En Jésus-Christ, nous avons une victoire certaine sur tout ce qui pourrait nous accabler. Que nos défis deviennent des tremplins pour renforcer notre foi et nous amener plus près de Dieu, en sachant que Sa grâce est suffisante pour nous et que Sa puissance se manifeste parfaitement dans nos faiblesses.

Chapitre 10 : La foi et la prospérité spirituelle

La prospérité spirituelle ne se mesure pas en termes de richesse matérielle, de position sociale ou d'accomplissements extérieurs, mais plutôt en termes de croissance intérieure dans la relation avec Dieu. Une foi vivante et active est le fondement sur lequel cette prospérité spirituelle repose. Ce chapitre explore comment la foi peut conduire à une vie spirituellement prospère, marquée par une plus grande intimité avec Dieu, une transformation du caractère, et une efficacité dans le service à Son égard.

Dans le monde, la prospérité est souvent synonyme de succès matériel, de confort et de reconnaissance publique. Cependant, la prospérité spirituelle va bien au-delà de ces aspects externes. Elle se réfère à la croissance intérieure, à la paix de l'âme et à une vie marquée par la communion avec Dieu. C'est un état dans lequel le croyant se développe continuellement, mûrit dans la foi, et devient de plus en plus semblable à Christ.

Dans **3 Jean 1, 2**, l'apôtre Jean écrit : « **Bien-aimé, je souhaite que tu prospères à tous égards et sois en bonne santé, comme prospère ton âme** ». Ici, Jean fait le lien entre la prospérité matérielle et la prospérité spirituelle, soulignant que la prospérité véritable commence dans l'âme. Une âme prospère est une âme en paix avec Dieu, une âme qui croît dans la connaissance de Dieu et dans Sa volonté.

La prospérité spirituelle est une prospérité qui découle de notre relation avec Dieu et qui se manifeste dans la manière dont nous vivons, servons, et témoignons de Sa gloire. C'est un fruit de la foi en Jésus-Christ, qui transforme nos pensées, nos émotions, nos décisions et notre manière de vivre au quotidien.

La foi est l'élément fondamental de la prospérité spirituelle. Sans foi, il est impossible de plaire à Dieu ou de vivre une vie qui Lui soit agréable. **Hébreux**

11, 6 déclare : « **Or, sans la foi, il est impossible de lui être agréable; car il faut que celui qui s'approche de Dieu croie que Dieu existe et qu'il récompense ceux qui le cherchent** ». La foi est la clé d'une vie spirituelle abondante.

Une foi vivante permet d'approfondir notre relation avec Dieu, de comprendre Sa Parole, et de marcher dans Ses voies. Par la foi, nous accédons à une vie pleine de la présence de Dieu, et nous expérimentons Sa prospérité spirituelle. Dans **Éphésiens 3, 17**, Paul prie que « **le Christ habite dans vos cœurs par la foi** », soulignant que la foi permet à Christ de résider profondément dans nos vies, ce qui entraîne une prospérité spirituelle continue.

La foi, donc, n'est pas seulement une croyance théorique en Dieu, mais une confiance active et quotidienne qui nous pousse à chercher Sa présence, à obéir à Sa Parole, et à vivre selon Ses principes. Une foi qui grandit mène à une plus grande compréhension des vérités divines, et cette compréhension nourrit la prospérité spirituelle.

L'un des moyens les plus puissants pour nourrir la prospérité spirituelle est la prière. La prière est une expression de foi vivante, un acte par lequel nous communiquons avec Dieu, Lui confiant nos vies, nos luttes et nos espérances. **Philippiens 4, 6 - 7** nous enseigne : « **Ne vous inquiétez de rien; mais en toutes choses, faites connaître vos besoins à Dieu par des prières et des supplications, avec des actions de grâces. Et la paix de Dieu, qui surpasse toute intelligence, gardera vos cœurs et vos pensées en Jésus-Christ** ».

La prière de foi nourrit notre âme, nous fortifie et nous aide à discerner la volonté de Dieu pour nos vies. Plus nous prions, plus nous grandissons spirituellement, car la prière nous rapproche de Dieu et nous permet de recevoir Sa paix, Sa sagesse et Sa direction. La prospérité spirituelle est donc le fruit d'une vie de prière constante et de communion avec Dieu.

Jésus Lui-même a dit dans **Matthieu 7, 7** : « **Demandez, et l'on vous donnera; cherchez, et vous trouverez; frappez, et l'on vous ouvrira ».** Par la foi et la prière, nous avons accès à la plénitude de Dieu, et cela nourrit et enrichit notre vie spirituelle.

Un autre moyen fondamental de cultiver la prospérité spirituelle est de méditer sur la Parole de Dieu. **Josué 1, 8** nous dit : « **Que ce livre de la loi ne s'éloigne point de ta bouche, mais médite-le jour et nuit, afin de prendre soin de faire selon tout ce qui y est écrit. Car c'est alors que tu auras du succès dans tes entreprises, c'est alors que tu réussiras ».**

La méditation sur la Parole de Dieu nourrit notre âme et nous aide à comprendre et à appliquer les principes divins dans notre vie. Lorsque nous mettons en pratique ce que nous apprenons, cela produit de la prospérité spirituelle. En effet, **Psaume 1, 2 - 3** déclare : « **Mais qui trouve son plaisir dans la loi de l'Éternel, et qui la médite jour et nuit, il est comme un arbre planté près d'un courant d'eau, qui donne son fruit en son temps, et dont le feuillage ne se flétrit point; tout ce qu'il fait réussit ».** Une vie enracinée dans la Parole de Dieu produit des fruits durables et une prospérité spirituelle continue.

La méditation régulière sur la Parole de Dieu est essentielle pour cultiver une foi forte et une prospérité spirituelle. C'est ainsi que nous grandissons dans notre connaissance de Dieu et dans notre capacité à vivre selon Sa volonté. En ayant foi dans la Parole et en l'appliquant dans notre vie quotidienne, nous expérimentons la prospérité spirituelle.

La prospérité spirituelle n'est pas simplement un état de paix intérieure ou de bénédictions immédiates. Elle est également liée à notre sanctification, c'est-à-dire à notre transformation continue à l'image de Christ. **Philippiens 1, 6** nous assure : « **Je suis persuadé que celui qui a commencé en vous cette bonne œuvre la rendra parfaite pour le jour de Jésus-Christ** ».

La foi est la clé de cette transformation. Dans les moments de difficulté, lorsque nous rencontrons des épreuves, la foi en Dieu nous aide à persévérer, à grandir et à nous sanctifier. **Jacques 1, 2 - 4** nous rappelle que « **l'épreuve de votre foi produit la patience. Mais il faut que la patience accomplisse une œuvre parfaite, afin que vous soyez parfaits et accomplis, sans faillir en rien** ». C'est à travers les épreuves que la foi est purifiée, et cette purification produit une prospérité spirituelle durable.

La prospérité spirituelle implique donc une croissance continue, une transformation dans l'image de Christ, et une persévérance à travers les défis de la vie. C'est une œuvre de sanctification qui dure toute la vie et qui est alimentée par la foi.

La véritable prospérité spirituelle se manifeste aussi par les fruits de l'Esprit. **Galates 5, 22 - 23** nous enseigne : « **Mais le fruit de l'Esprit est l'amour, la joie, la paix, la patience, la bonté, la bienveillance, la fidélité, la douceur, la maîtrise de soi. La loi n'est pas contre ces choses** ». Une vie spirituellement prospère est une vie marquée par ces fruits qui témoignent de la transformation que Dieu accomplit en nous.

De plus, cette prospérité spirituelle devient un témoignage vivant pour les autres. Quand nous vivons une vie pleine de foi et de prospérité spirituelle, cela reflète la gloire de Dieu et attire les autres à Lui. **Matthieu 5, 16** nous exhorte à laisser briller notre lumière devant les hommes, « afin qu'ils voient vos bonnes œuvres et glorifient votre Père qui est dans les cieux ».

La prospérité spirituelle n'est pas un don immédiat ou superficiel, mais une conséquence de la foi vivante en Dieu. C'est par la foi en Jésus-Christ que nous accédons à une vie transformée, marquée par la paix, la joie, la patience, et la sanctification. En nourrissant cette foi par la prière, la méditation de la Parole de Dieu, la persévérance dans les épreuves et l'obéissance à la volonté de Dieu, nous expérimentons la prospérité spirituelle qui est à la fois une bénédiction personnelle et un témoignage puissant pour ceux qui nous entourent.

Que notre foi en Dieu nous conduise à une vie de prospérité spirituelle profonde, une vie qui glorifie Dieu et qui produit des fruits durables pour Son royaume.

Chapitre 11 : La foi et la prospérité matérielle

La question de la prospérité matérielle est souvent un sujet délicat et complexe dans la vie chrétienne. D'un côté, la Bible nous enseigne que Dieu veut bénir Son peuple, et de l'autre, elle nous avertit contre l'amour excessif de l'argent et des biens matériels. Alors, quelle est la place de la prospérité matérielle dans la vie d'un croyant ? Peut-on lier la foi à la prospérité financière ? Ce chapitre explore la relation entre la foi et la prospérité matérielle, en mettant l'accent sur les principes bibliques qui régissent ce domaine.

La prospérité matérielle n'est pas un concept étranger à la Bible. Dans l'Ancien Testament, Dieu a promis de bénir Son peuple de manière abondante, aussi bien spirituellement que matériellement. Dans **Deutéronome 28, 1 - 14**, Dieu fait une promesse de bénédiction à Israël s'ils Lui obéissent : **« L'Éternel ton Dieu te donnera des bénédictions en abondance, dans tous les domaines de ta vie, dans ton travail, dans tes récoltes, dans ton foyer ».** Ces bénédictions incluent des aspects matériels comme des récoltes abondantes, des ressources financières et une protection contre la pauvreté.

Dans le Nouveau Testament, Jésus lui-même enseigne que Dieu prend soin de Ses enfants. **Matthieu 6, 31 - 33** nous dit : **« Ne vous inquiétez donc point, en disant : Que mangerons-nous ? Que boirons-nous ? De quoi serons-nous vêtus ? ... Car votre Père céleste sait que vous en avez besoin. Cherchez d'abord le royaume de Dieu et Sa justice, et toutes ces choses vous seront données par-dessus ».** Cette promesse de pourvoir aux besoins matériels de Ses enfants est fondée sur la confiance en Dieu et la priorité donnée à Son royaume.

Ainsi, Dieu n'est pas contre la prospérité matérielle, mais il désire que Ses bénédictions soient reçues dans une perspective spirituelle et en accord avec Ses principes divins. La foi en Dieu est la clé pour recevoir et gérer ces bénédictions de manière juste.

Bien que la prospérité matérielle soit une bénédiction que Dieu peut accorder, la Bible met aussi en garde contre l'amour de l'argent et des biens matériels. **1 Timothée 6, 10** nous avertit : « **Car l'amour de l'argent est la racine de tous les maux ».** Cette mise en garde souligne que ce n'est pas la richesse en soi qui est problématique, mais l'attachement excessif à l'argent et à la quête du confort matériel à tout prix.

Jésus lui-même a dit dans **Matthieu 6, 24** : **« Nul ne peut servir deux maîtres. Car, ou il haïra l'un, et il aimera l'autre, ou bien il s'attachera à l'un, et il méprisera l'autre ».** Si nous plaçons notre confiance dans les biens matériels plutôt que dans Dieu, nous risquons de tomber dans un piège spirituel. La prospérité matérielle ne doit pas devenir un objectif en soi, mais plutôt un moyen de vivre pour la gloire de Dieu et de bénir les autres.

La prospérité matérielle est une bénédiction qui doit être reçue avec gratitude et responsabilité, mais elle ne doit jamais remplacer Dieu dans nos cœurs. La foi chrétienne enseigne que la véritable prospérité, qu'elle soit matérielle ou spirituelle, doit toujours être subordonnée à notre relation avec Dieu.

La foi n'est pas seulement liée à la manière dont Dieu nous bénit, mais aussi à la manière dont nous gérons ce qu'Il nous donne. Une foi authentique se manifeste dans notre capacité à gérer les bénédictions matérielles avec sagesse, responsabilité et générosité. **Luc 16, 10 - 11** nous enseigne : **« Celui qui est fidèle dans ce qui est très peu est aussi fidèle dans ce qui est beaucoup; et celui qui est injuste dans ce qui est très peu est aussi injuste dans ce qui est beaucoup. Si donc vous n'avez pas été fidèles dans les richesses injustes, qui vous confiera les véritables ? ».**

La gestion des biens matériels est donc un test de fidélité. Dieu désire que nous soyons de bons intendants de ce qu'Il nous confie. Que ce soit notre argent, nos possessions ou nos ressources, nous devons les utiliser de manière juste et selon la volonté de Dieu. Cela implique de faire preuve de discernement, de planifier avec sagesse, et d'être généreux en soutenant les œuvres de Dieu et les besoins des autres.

Dans **Proverbes 3, 9 - 10**, il est écrit : « **Honore l'Éternel avec tes biens, et avec les prémices de tous tes revenus; alors tes greniers seront remplis de blé, et tes cuves regorgeront de vin nouveau** ». La prospérité matérielle vient avec la responsabilité de gérer ce que Dieu nous donne, et cela inclut le principe biblique de la dîme et de la générosité envers les autres.

La foi et la prospérité matérielle sont indissociables du principe de la générosité dans la Bible. L'une des manières les plus claires dont la foi se manifeste dans la gestion des biens matériels est à travers le don des dîmes et des offrandes. La dîme, qui consiste à donner 10 % de ses revenus à Dieu, est un acte de foi qui reconnaît que tout ce que nous avons vient de Lui et que nous Lui en rendons une part en reconnaissance.

Dans **Malachie 3, 10**, Dieu dit : « **Apportez toutes les dîmes dans le trésor, afin qu'il y ait de la nourriture dans ma maison, et mettez-moi de cette manière à l'épreuve, dit l'Éternel des armées: je vous ouvrirai les écluses des cieux, et je déverserai sur vous la bénédiction, jusqu'à ce qu'il n'y en ait plus** ». Le principe de la dîme est un acte de foi et de confiance en Dieu. Il nous rappelle que tout appartient à Dieu et que notre prospérité matérielle dépend de notre relation avec Lui.

Les offrandes sont également un moyen de manifester notre foi et notre générosité. Dans **2 Corinthiens 9, 7**, Paul écrit : « **Que chacun donne comme il**

l'a résolu en son cœur, sans tristesse ni contrainte; car Dieu aime celui qui donne avec joie ». Donner avec un cœur joyeux et généreux est un acte de foi qui reflète notre confiance en Dieu pour pourvoir à nos besoins.

La foi en Dieu, exprimée à travers la dîme et les offrandes, ouvre la porte à la prospérité matérielle, car elle met en avant la confiance que Dieu est notre pourvoyeur et qu'Il bénit ceux qui Lui sont fidèles.

La prospérité matérielle peut aussi être un test de la foi. Dans les moments de grande abondance, il est facile de perdre de vue Dieu et de se concentrer sur les biens matériels. À l'inverse, dans les moments de pauvreté ou de difficulté financière, notre foi est mise à l'épreuve pour savoir si nous continuerons à faire confiance à Dieu, même lorsque nos ressources semblent limitées.

Dans **Philippiens 4, 11 - 13**, Paul partage son expérience : **« Je sais vivre dans l'humilité, et je sais vivre dans l'abondance. En tout et pour tout, j'ai appris à être satisfait, à être dans l'abondance comme dans le besoin. Je puis tout par celui qui me fortifie ».** La foi véritable ne se mesure pas à la quantité de biens matériels que nous possédons, mais à la manière dont nous vivons avec ce que nous avons, en plaçant notre confiance en Dieu pour chaque besoin.

Lorsque nous faisons face à des moments difficiles sur le plan matériel, notre foi peut être une ancre solide. Dieu est fidèle pour subvenir à nos besoins, même dans les épreuves. Il nous appelle à chercher Son royaume avant tout et à Lui faire confiance pour nos ressources quotidiennes.

Finalement, la prospérité matérielle dans la vie d'un croyant a un but plus élevé que simplement satisfaire nos besoins personnels. La prospérité financière est donnée pour être partagée, pour bénir les autres et pour étendre le royaume de Dieu. **Actes 20, 35** nous rappelle les paroles de Jésus : **« Il y a plus de bonheur à donner qu'à recevoir ».**

La foi nous appelle à être des canaux de bénédiction. Nous devons utiliser les bénédictions matérielles que Dieu nous accorde pour aider ceux qui sont dans le besoin, soutenir l'œuvre de l'Évangile et faire avancer le royaume de Dieu sur Terre. **2 Corinthiens 9, 8** nous enseigne : « **Et Dieu peut faire abonder en vous toute grâce, afin qu'ayant toujours en toutes choses tout ce qui est nécessaire, vous ayez encore en abondance pour toute bonne œuvre ».**

La prospérité matérielle est une bénédiction que Dieu peut accorder à Ses enfants, mais elle doit être reçue et gérée selon des principes bibliques. La foi n'est pas simplement un moyen d'attirer des bénédictions matérielles, mais un principe qui nous enseigne à vivre avec gratitude, générosité et responsabilité. En mettant Dieu en premier, en recherchant Son royaume et en agissant avec sagesse dans la gestion de nos biens, nous pouvons expérimenter une prospérité matérielle qui honore Dieu et bénit les autres.

Chapitre 12 : La foi et la transformation intérieure

L'une des plus grandes œuvres que Dieu accomplit dans la vie d'un croyant est la transformation intérieure. La foi en Jésus-Christ n'est pas seulement une croyance intellectuelle, mais une force vivante et puissante qui produit un changement profond et radical dans l'intérieur de celui qui croit. Ce chapitre explore comment la foi devient le catalyseur de cette transformation intérieure, qui se manifeste dans tous les aspects de la vie d'un chrétien : la pensée, les émotions, le caractère, et la conduite.

La transformation intérieure commence par la foi en Christ. Lorsque nous plaçons notre foi en Lui, nous recevons la grâce de Dieu, qui commence à transformer notre cœur et notre esprit. La Bible nous enseigne que, par la foi, nous sommes régénérés par l'Esprit Saint, ce qui marque le début de notre transformation intérieure.

2 Corinthiens 5, 17 nous dit : « **Si quelqu'un est en Christ, il est une nouvelle création : les choses anciennes sont passées, voici, toutes choses sont devenues nouvelles** ». Cette transformation n'est pas simplement un ajustement superficiel ou un changement temporaire, mais une œuvre profonde de Dieu qui nous rend capables de vivre d'une manière nouvelle et radicale.

La foi est ce qui ouvre la porte à cette transformation. Ce n'est pas notre propre effort ou nos bonnes œuvres qui nous changent, mais la puissance de l'Esprit de Dieu, qui agit en nous dès que nous plaçons notre confiance en Christ. Par la foi, nous recevons cette nouvelle nature spirituelle qui nous permet de vivre selon les principes du royaume de Dieu.

Un aspect central de la transformation intérieure est le renouvellement de notre pensée et de notre compréhension. Notre manière de penser, d'agir et de percevoir le monde doit être transformée à la lumière de la Parole de Dieu. Le **renouvellement de l'esprit** est un processus continuel qui découle de notre foi en Christ et de notre engagement à connaître et à appliquer la vérité biblique dans notre vie quotidienne.

Dans **Romains 12, 2**, l'apôtre Paul exhorte les croyants : « **Ne vous conformez pas au siècle présent, mais soyez transformés par le renouvellement de l'intelligence, afin que vous discerniez quelle est la volonté de Dieu, ce qui est bon, agréable et parfait** ». Ce renouvellement est le fruit de la foi qui prend racine dans notre cœur et transforme la manière dont nous voyons et comprenons le monde.

Lorsque nous plaçons notre foi en la Parole de Dieu et que nous nous engageons à méditer régulièrement sur elle, notre esprit est renouvelé. Nous commençons à voir les situations, les relations et les défis de la vie d'une nouvelle manière, selon la perspective divine. Ce changement de mentalité nous permet non seulement de discerner la volonté de Dieu, mais aussi de vivre en conformité avec elle.

Un aspect fondamental de la transformation intérieure est la croissance dans le fruit du Saint-Esprit. Lorsque nous plaçons notre foi en Jésus-Christ, l'Esprit Saint vient habiter en nous et commence à produire en nous des fruits spirituels qui témoignent de la présence de Dieu dans notre vie. Ces fruits ne sont pas le résultat de nos efforts humains, mais le produit naturel de la foi vivante qui se manifeste dans notre relation avec Dieu.

Galates 5, 22 - 23 décrit ce fruit : « **Mais le fruit de l'Esprit est l'amour, la joie, la paix, la patience, la bonté, la bienveillance, la fidélité, la douceur, la maîtrise de soi** ». Lorsque nous vivons dans la foi et sous l'influence de l'Esprit, ces qualités commencent à se manifester dans notre caractère. Ce fruit ne pousse pas instantanément, mais il mûrit progressivement à mesure que nous obéissons à l'Esprit et que nous vivons selon la Parole de Dieu.

La foi en Dieu est donc le terreau dans lequel ce fruit peut croître. Au fur et à mesure que nous grandissons dans notre relation avec Dieu, nous commençons à ressembler de plus en plus à Jésus-Christ, reflétant ainsi Son amour et Sa grâce dans toutes nos actions et nos attitudes.

La foi transforme non seulement notre pensée, mais aussi notre caractère. Avant de connaître Christ, notre caractère était marqué par l'égoïsme, la colère, l'orgueil et d'autres comportements dégradants. Mais lorsque nous plaçons notre foi en Christ, l'Esprit Saint commence à opérer un changement profond en nous. Ce processus de sanctification, où nous devenons de plus en plus comme Christ, est le fruit de notre foi en Lui.

Dans **Colossiens 3, 9 - 10**, Paul nous exhorte à « **ne pas mentir les uns aux autres, vous étant dépouillés du vieil homme et de ses œuvres, et ayant revêtu l'homme nouveau, qui se renouvelle dans la connaissance, selon l'image de celui qui l'a créé** ». Ce changement ne se fait pas instantanément, mais progressivement, à mesure que nous vivons selon les principes du royaume de Dieu et que nous choisissons de laisser l'Esprit nous transformer.

Ce processus implique une mise à mort du vieil homme, c'est-à-dire de nos anciennes habitudes et comportements qui ne sont pas en accord avec la volonté de Dieu. Cela nécessite un choix quotidien de vivre dans la foi, en obéissant à Dieu, et en renonçant aux aspects de notre caractère qui ne sont pas conformes à Son image. La transformation intérieure du caractère est donc indissociable de la foi que nous plaçons en Jésus-Christ.

Nos émotions, comme la peur, la colère, l'anxiété ou la tristesse, font partie de notre être intérieur et peuvent avoir une influence profonde sur notre comportement. La foi en Dieu nous aide non seulement à comprendre et gérer nos émotions, mais aussi à les soumettre à la volonté de Dieu. En croyant que Dieu est souverain et qu'Il a un plan pour nos vies, nous pouvons affronter nos émotions avec calme et confiance, même dans les moments difficiles.

Philippiens 4, 6 - 7 nous encourage à apporter nos inquiétudes à Dieu : « **Ne vous inquiétez de rien; mais en toutes choses faites connaître vos besoins à Dieu par des prières et des supplications, avec des actions de grâces. Et la paix de Dieu, qui surpasse toute intelligence, gardera vos cœurs et vos pensées en Jésus-Christ** ». Lorsque nous plaçons notre foi en Dieu, nous recevons Sa paix, qui dépasse toute compréhension, et nous permet de gérer nos émotions de manière saine et équilibrée.

La foi nous aide à voir nos émotions à travers les yeux de Dieu, en nous rappelant qu'Il est présent dans nos difficultés et qu'Il nous soutient. Cette perspective transforme notre manière de réagir face aux défis émotionnels, et nous apprend à vivre dans une paix intérieure qui ne dépend pas des circonstances extérieures, mais de notre confiance en Dieu.

Un autre aspect important de la transformation intérieure par la foi est la victoire sur le péché. Avant de connaître Christ, nous étions esclaves du péché, incapables de vivre de manière juste. Mais lorsque nous plaçons notre foi en Jésus-Christ, nous recevons la puissance de l'Esprit Saint pour vaincre le péché et vivre selon la volonté de Dieu.

Romains 6, 6 - 7 nous rappelle : « **Sachant ceci, que notre vieil homme a été crucifié avec lui, afin que le corps du péché fût détruit, et que nous ne servions plus le péché. Car celui qui est mort est justifié du péché** ». Par la foi, nous sommes unis à Christ dans Sa mort et Sa résurrection, et nous avons le pouvoir de vivre dans la victoire sur le péché. Ce n'est pas que nous soyons parfaits, mais que la puissance de la foi et de l'Esprit Saint nous donne la capacité de rejeter le péché et de vivre selon la sainteté de Dieu.

Cela ne signifie pas que nous serons exempts de tentations ou de luttes, mais que la foi en Christ nous donne les ressources nécessaires pour résister et vaincre. **1 Jean 5, 4** nous rappelle : **« Car tout ce qui est né de Dieu triomphe du monde; et la victoire qui triomphe du monde, c'est notre foi ».** La foi est la clé de la victoire sur le péché et la transformation intérieure que Dieu veut accomplir en nous.

La transformation intérieure est l'un des fruits les plus glorieux de la foi en Jésus-Christ. Elle affecte toutes les sphères de notre vie : notre pensée, notre caractère, nos émotions, et notre conduite. Cette transformation n'est pas instantanée, mais un processus continu dans lequel l'Esprit de Dieu travaille en nous pour nous rendre de plus en plus semblables à Christ.

La foi est le moteur de cette transformation, car elle nous relie à la puissance divine qui opère en nous. En plaçant notre foi dans le Seigneur, en nous nourrissant de Sa Parole et en nous soumettant à l'Esprit, nous pouvons vivre une vie marquée par la paix, la joic, la victoire sur le péché, et l'amour de Dieu. **La foi transforme notre intérieur, et à travers cette transformation, nous devenons des témoins vivants de l'œuvre de Dieu dans le monde.**

Chapitre 13 : La foi et la patience

La foi et la patience sont des vertus indissociables dans la vie chrétienne. Lorsque nous plaçons notre foi en Dieu, nous sommes invités à attendre, à persévérer et à faire preuve de patience, même lorsque les circonstances semblent défavorables. Dans ce chapitre, nous explorons la relation profonde entre la foi et la patience, en mettant en lumière la manière dont Dieu utilise la patience pour affiner notre caractère, renforcer notre foi, et accomplir Ses promesses dans nos vies.

La patience n'est pas simplement un trait de caractère humain, mais un fruit spirituel qui émerge de la foi. La Bible nous enseigne que la patience est essentielle pour vivre une foi stable et mature. **Jacques 1, 3 - 4** nous dit : **« Sachant que l'épreuve de votre foi produit la patience. Mais il faut que la patience accomplisse parfaitement son œuvre, afin que vous soyez parfaits et accomplis, sans faillir en rien ».** La patience est donc le processus par lequel la foi est testée et, par conséquent, fortifiée. Elle permet de mûrir spirituellement et de devenir de plus en plus semblables à Christ.

Lorsque notre foi est mise à l'épreuve, Dieu utilise ces épreuves pour travailler la patience en nous. Cela implique non seulement d'attendre dans l'espérance, mais aussi de vivre dans l'assurance que Dieu accomplit Ses promesses à Son propre rythme. La foi produit la patience, et la patience renforce la foi. Ce cercle vertueux est essentiel pour le développement spirituel d'un chrétien.

Un aspect fondamental de la patience dans la foi est l'attente des promesses de Dieu. Dieu fait de nombreuses promesses dans la Bible, mais celles-ci ne s'accomplissent pas toujours immédiatement. Le croyant est donc appelé à avoir foi dans le fait que Dieu tient Sa parole, même si les résultats tardent à se manifester. Cela nécessite une patience qui repose sur la confiance que Dieu est fidèle.

Hébreux 10, 36 nous exhorte : « **Car vous avez besoin de persévérance, afin qu'après avoir accompli la volonté de Dieu, vous obteniez ce qui vous est promis ».** L'attente des promesses de Dieu n'est pas une simple période d'inaction, mais un temps où nous continuons à marcher par la foi, à prier, et à faire confiance à Dieu pour l'accomplissement de ce qu'Il a promis.

Prenons l'exemple d'Abraham, qui a dû attendre plus de 25 ans avant de voir la promesse de Dieu de lui donner un fils se réaliser. Malgré les difficultés et les doutes, Abraham a persévéré dans sa foi, et **Romains 4, 20 - 21** nous dit qu'il **« ne douta point, par incrédulité, de la promesse de Dieu, mais il fut fortifié par la foi, rendant gloire à Dieu, pleinement persuadé que ce qu'Il avait promis, Il était aussi puissant pour le faire ».** La patience d'Abraham, nourrie par sa foi en la fidélité de Dieu, a été récompensée par la réalisation de la promesse.

Un autre aspect essentiel de la foi et de la patience concerne les épreuves et les souffrances. Dans les moments difficiles, la tentation peut être forte de douter de la fidélité de Dieu, de remettre en question Ses promesses, ou de chercher à accélérer la délivrance. Cependant, c'est précisément dans ces moments-là que la patience devient une expression puissante de la foi.

Jacques 5, 7 - 8 nous exhorte ainsi : **« Soyez donc patients, frères et sœurs, jusqu'à l'avènement du Seigneur. Voici, le laboureur attend le précieux fruit de la terre, prenant patience jusqu'à ce qu'il ait reçu la pluie de la première et de la dernière saison. Vous aussi, soyez patients, affermissez vos cœurs, car l'avènement du Seigneur est proche ».** Les épreuves sont comme un sol dans lequel la patience peut prendre racine et se développer. En attendant patiemment l'intervention de Dieu, nous vivons dans l'assurance qu'Il est toujours à l'œuvre, même lorsque nous ne voyons pas immédiatement les résultats.

L’histoire de Job est un exemple frappant de foi et de patience dans l’adversité. Malgré la perte de ses biens, de sa santé et de sa famille, Job n’a pas renoncé à sa foi en Dieu. Dans **Job 23, 10**, il déclare : « **Mais il sait où je suis; quand il m'aura mis à l'épreuve, je sortirai pur comme l'or ».** Job a persévéré dans la foi, convaincu que, même dans sa souffrance, Dieu était fidèle et qu’il sortirait purifié de l’épreuve.

La patience n’est pas seulement une vertu qui nous permet de résister aux difficultés, mais elle est également un témoignage du caractère chrétien. En fait, la manière dont un croyant fait face à l'attente et aux épreuves peut être l'un des témoignages les plus puissants de sa foi.

1 Pierre 2, 19 - 20 nous enseigne que lorsque nous endurons des souffrances injustes avec patience, cela plaît à Dieu : « **Car c’est une grâce que de supporter des peines injustes, par conscience de Dieu, en souffrant injustement. Quel est en effet l’honneur, si vous êtes battus pour avoir péché ? Mais si vous supportez la souffrance pour avoir bien agi, c’est une grâce devant Dieu ».** La patience, dans la souffrance, est un acte de foi qui montre notre confiance en Dieu et Sa capacité à utiliser même les épreuves pour notre bien et pour Sa gloire.

La patience chrétienne n’est pas passive ou résignée. Elle est active dans le sens où elle choisit de faire confiance à Dieu, de continuer à agir selon Sa volonté, et de garder l’espoir, même lorsque les circonstances ne semblent pas changer immédiatement.

L'exemple suprême de foi et de patience est Jésus-Christ Lui-même. Tout au long de Sa vie terrestre, Jésus a fait preuve d'une patience incroyable face aux persécutions, aux moqueries, et aux souffrances. **Hébreux 12, 2** nous dit : **« Ayant les yeux fixés sur Jésus, auteur et consommateur de la foi, qui, en**

vue de la joie qui lui était réservée, a supporté la croix, méprisé l'ignominie, et s'est assis à la droite du trône de Dieu ».

Jésus n'a pas seulement fait preuve de patience durant Sa vie, mais Son sacrifice sur la croix représente l'expression ultime de la patience divine. Il a attendu l'heure parfaite, il a enduré la souffrance pour accomplir le plan rédempteur de Dieu. **1 Pierre 2, 23** nous rappelle que « **lorsqu'il était maltraité, il ne rendait pas maltraitance; lorsqu'il souffrait, il ne menaçait pas, mais il s'en remettait à celui qui juge justement ».**

La patience de Jésus est une source d'inspiration pour les chrétiens. Elle nous montre qu'il est possible de rester fidèle à Dieu et de continuer à faire confiance à Son plan, même dans les moments de grande épreuve.

Un aspect important de la foi et de la patience est la prière. Lorsque nous prions, il peut arriver que les réponses de Dieu ne soient pas immédiates. La foi nous pousse à prier avec persévérance, et la patience nous permet d'attendre la réponse dans le temps parfait de Dieu.

Luc 18, 1 - 8 raconte la parabole de la veuve importune, qui persévérait dans ses demandes auprès du juge injuste jusqu'à ce qu'il cède. Jésus conclut cette parabole en disant que Dieu répondra à ceux qui prient avec persévérance. La patience dans la prière témoigne de notre foi que Dieu, dans Son temps et selon Sa volonté, agira pour répondre à nos besoins.

La foi et la patience forment un duo indissociable dans la vie chrétienne. La foi nous pousse à croire en Dieu et à Sa fidélité, tandis que la patience nous permet d'attendre Son intervention au moment parfait. Ensemble, elles nous aident à traverser les épreuves, à demeurer fermes dans l'attente des promesses de Dieu, et à grandir spirituellement. Comme nous l'avons vu à travers les exemples bibliques, la patience n'est pas seulement une vertu, mais une expression active de la foi en Dieu, qui accomplit Ses promesses à ceux qui Lui font confiance et persévèrent.

Chapitre 14 : La foi et la direction divine

Dans la vie chrétienne, savoir quelle direction prendre est essentiel. Que ce soit dans des décisions majeures ou dans les choix quotidiens, nous avons besoin de la direction divine pour marcher dans la volonté de Dieu. La foi joue un rôle central dans ce processus de guidance. En ayant foi en Dieu, nous pouvons être assurés qu'Il nous guidera, nous éclairera et nous conduira là où nous devons aller. Dans ce chapitre, nous examinons comment la foi et la direction divine s'entrelacent, et comment, en faisant confiance à Dieu, nous pouvons suivre Sa conduite dans tous les aspects de notre vie.

Un aspect fondamental de la foi chrétienne est la conviction que Dieu, en tant que Père aimant, désire guider Ses enfants. Il n'est pas un Dieu lointain ou indifférent, mais un Dieu personnel qui marche aux côtés de ceux qui Lui font confiance. **Proverbes 3, 5 - 6** nous rappelle cette promesse : « **Fais confiance à l'Éternel de tout ton cœur, et ne t'appuie pas sur ton intelligence; reconnais-le dans toutes tes voies, et il aplanira tes sentiers ».**

La direction divine n'est pas réservée à quelques personnes spéciales, mais est un privilège pour chaque croyant. Dieu veut nous guider, que ce soit dans les grandes décisions de la vie ou dans les choix plus quotidiens. Il veut que nous dépendions de Lui pour toutes nos voies, sachant qu'Il est Celui qui connaît l'avenir et qui nous conduit vers des chemins de bénédiction.

Avoir la foi dans la direction divine signifie également être prêt à se soumettre à la volonté de Dieu. La foi n'est pas seulement une confiance passive que Dieu nous guidera, mais elle implique aussi une disposition active à écouter Sa voix et à obéir à Ses instructions.

Ésaïe 55, 8 - 9 nous dit : « **Car mes pensées ne sont pas vos pensées, et vos voies ne sont pas mes voies, dit l'Éternel. Autant les cieux sont élevés au-dessus de la terre, autant mes voies sont élevées au-dessus de vos voies, et mes pensées au-dessus de vos pensées** ». La volonté de Dieu peut parfois être différente de ce que nous imaginons, et la foi consiste à lui faire confiance même quand cela dépasse notre compréhension ou nos désirs.

Nous devons être prêts à abandonner nos propres projets et nos propres raisonnements, et à nous soumettre à la direction divine. Parfois, cela demande de la patience, de l'humilité et une totale dépendance à Dieu. Lorsque nous faisons confiance à Dieu, nous Lui permettons de nous guider sur des sentiers qui, bien que parfois inattendus, mènent à un bien plus grand que nous ne pourrions imaginer.

La prière est un moyen par lequel nous recevons la direction de Dieu. C'est dans la prière que nous cherchons Sa volonté, que nous Lui demandons de nous éclairer et de nous guider. La prière n'est pas seulement une demande de bénédictions, mais aussi un moment d'écoute et de soumission à la volonté de Dieu.

Jacques 1, 5 nous encourage : « **Si quelqu'un de vous manque de sagesse, qu'il la demande à Dieu, qui donne à tous libéralement et sans reproche, et elle lui sera donnée** ». Dans chaque décision importante, nous sommes appelés à chercher la sagesse divine par la prière. Cela implique de consacrer du temps à la méditation et à l'écoute de Dieu, en étant prêts à recevoir Ses conseils.

Dans **Philippiens 4, 6 - 7**, l'apôtre Paul nous exhorte à ne pas nous inquiéter, mais à présenter toutes nos demandes à Dieu, et à recevoir de Lui une paix qui surpassera toute compréhension. Cela montre que, lorsque nous demandons la direction divine avec foi et sans anxiété, Dieu nous répond et nous donne une paix intérieure qui nous guide dans nos décisions.

L'une des manières les plus profondes par lesquelles Dieu nous dirige est par l'Esprit Saint, qui habite en nous. Jésus Lui-même a promis que l'Esprit Saint serait notre Consolateur et notre Guide. **Jean 14, 26** nous dit : « **Mais le Consolateur, l'Esprit Saint, que le Père enverra en mon nom, vous enseignera toutes choses, et vous rappellera tout ce que je vous ai dit ».**

L'Esprit Saint, qui réside en chaque croyant, est notre guide intérieur, nous montrant la direction à suivre. Cela peut se faire par des impressions intérieures, des convictions profondes, ou même des avertissements, mais toujours en harmonie avec la Parole de Dieu. La foi consiste à écouter attentivement cette voix intérieure de l'Esprit, qui ne nous conduit jamais à agir en dehors des principes bibliques.

Romains 8, 14 nous dit : « **Tous ceux qui sont conduits par l'Esprit de Dieu sont fils de Dieu ».** Le Saint-Esprit ne nous guide pas seulement dans les grandes décisions, mais aussi dans les détails quotidiens de la vie. L'important est d'être sensibles à Sa direction et de Lui obéir promptement.

La direction divine ne se sépare jamais de la Parole de Dieu. Les Écritures sont la boussole qui guide notre vie. C'est à travers la Parole de Dieu que nous savons ce qui est juste et ce qui ne l'est pas, et c'est aussi par elle que nous discernons la volonté de Dieu.

Psaume 119, 105 nous dit : « **Ta parole est une lampe à mes pieds, et une lumière sur mon sentier ».** La Parole de Dieu nous éclaire dans les moments de doute et nous montre le chemin à suivre. Par la lecture et la méditation de la Bible, nous grandissons dans la connaissance de Dieu et de Sa volonté, et nous sommes plus à même de discerner la direction qu'Il veut nous donner.

Dieu ne nous guide pas souvent par des voix extérieures ou des signes spectaculaires, mais par la sagesse pratique et l'enseignement de Sa Parole. Une foi solide dans les Écritures nous permet de faire des choix alignés avec la volonté de Dieu, même quand les circonstances semblent incertaines.

Dans la vie chrétienne, il y a des moments où nous sommes confrontés à des décisions majeures : choisir une carrière, un conjoint, déménager dans une autre ville, ou entreprendre une nouvelle étape importante dans la vie. Dans ces moments, la foi en Dieu et la confiance dans Sa direction sont cruciales.

La foi implique de croire que Dieu a un plan pour nous et qu'Il veut que nous prospérions dans la réalisation de ce plan. Cependant, cela ne signifie pas que la direction divine est toujours évidente immédiatement. Parfois, Dieu nous guide progressivement, étape par étape, en nous demandant de Lui faire confiance, même lorsque la voie semble floue.

Dans **Proverbes 16, 9**, il est écrit : « **Le cœur de l'homme médite sa voie, mais l'Éternel dirige ses pas** ». Dieu prend plaisir à diriger Ses enfants, mais Il attend de nous que nous cherchions Sa direction avec un cœur humble et obéissant. Il nous guide non seulement dans les moments de clarté, mais aussi dans les périodes d'incertitude, lorsque nous ne savons pas quelle décision prendre.

Un principe souvent mentionné dans la Bible pour discerner la direction divine est l'ouverture ou la fermeture des portes. Dieu ouvre des portes pour nous guider vers Sa volonté, et parfois Il ferme des portes pour nous protéger de mauvaises directions.

Apocalypse 3, 7 - 8 dit : « **Voici ce que dit celui qui est saint, celui qui est véritable, celui qui a la clé de David, celui qui ouvre, et personne ne fermera, et qui ferme, et personne n'ouvrira : Je connais tes œuvres; voici, j'ai mis devant toi une porte ouverte, que personne ne peut fermer** ». Lorsque nous marchons dans la foi, nous devons être attentifs à la manière dont Dieu ouvre ou ferme les portes dans nos vies, et faire preuve de discernement pour suivre la voie qu'Il nous montre.

La direction divine est un cadeau que Dieu offre à tous ceux qui Lui font confiance. Par la prière, l'écoute du Saint-Esprit, la méditation des Écritures et l'obéissance à Sa voix, nous pouvons être assurés que Dieu nous guidera dans les bonnes voies. La foi est la clé qui nous permet de marcher dans cette direction divine, en ayant confiance que Dieu sait ce qui est le mieux pour nous, même quand nous ne voyons pas immédiatement le chemin. En Lui faisant confiance, nous pouvons avancer avec assurance, sachant qu'Il dirige nos pas vers Sa volonté parfaite pour nos vies.

Chapitre 15 : La foi et la confession

La confession joue un rôle essentiel dans la vie chrétienne, et elle est intimement liée à la foi. Ce que nous confessons, c'est ce que nous croyons dans notre cœur, et c'est par la confession de notre foi que nous proclamons la vérité de Dieu sur notre vie. Dans ce chapitre, nous explorons le lien profond entre la foi et la confession, en examinant comment la parole que nous prononçons peut influencer notre réalité spirituelle, et comment une confession en accord avec la Parole de Dieu peut libérer la puissance de Dieu dans notre vie.

La confession, dans un contexte chrétien, n'est pas seulement une déclaration verbale de ce que nous croyons, mais elle est également un acte de foi. **Romains 10, 9** nous enseigne : « **Si tu confesses de ta bouche le Seigneur Jésus, et si tu crois dans ton cœur que Dieu l'a ressuscité des morts, tu seras sauvé** ». Cette déclaration souligne l'importance de la confession pour le salut, mais elle va au-delà de la question du salut initial. La confession est aussi une manière de vivre dans la foi au quotidien.

La foi chrétienne est une foi vivante, qui se manifeste à travers ce que nous croyons et disons. **Hébreux 10, 23** nous encourage : « **Maintenons fermement la profession de notre espérance, car celui qui a fait la promesse est fidèle** ». La confession est donc un acte de fidélité envers les promesses de Dieu, et elle déclare ce que nous croyons dans notre cœur.

Quand nous confessons ce que Dieu dit de nous dans Sa Parole, nous alignons notre foi avec la vérité divine. Une confession en accord avec la Parole de Dieu n'est pas simplement un acte de déclare verbal, mais elle révèle la profondeur de notre foi dans les promesses de Dieu.

La confession ne se limite pas au seul moment de la prière ou au moment où nous nous engageons à suivre Christ. Elle fait partie de notre vie chrétienne quotidienne. En effet, ce que nous déclarons sur nos vies, nos situations et notre avenir, impacte notre expérience de la foi. **Proverbes 18, 21** nous avertit : **« La mort et la vie sont au pouvoir de la langue, et celui qui l'aime en mangera les fruits ».** Ce verset souligne la puissance de nos paroles, qu'elles soient de vie ou de mort.

Notre confession quotidienne est une manière de déclarer notre foi en Dieu et de Lui faire confiance dans toutes les situations. Si nous confessions des paroles de doute, de peur ou de découragement, nous risquons de nourrir ces sentiments dans nos vies. Mais si nous confessions des paroles d'espoir, de confiance en Dieu et de reconnaissance pour Ses promesses, nous nourrissons notre foi et fortifions notre esprit.

Matthieu 12, 34 - 37 nous enseigne aussi que **« car c'est de l'abondance du cœur que la bouche parle ».** Nos paroles révèlent ce que nous avons dans notre cœur. Si notre cœur est rempli de foi, notre bouche proclamera les vérités de Dieu, et ce que nous confessons aura un impact spirituel direct sur notre vie.

Une des puissances de la confession est qu'elle nous permet de rester fermes dans la foi, même lorsque les circonstances semblent contraires à nos attentes. L'exemple de **David** face à Goliath nous montre comment une confession de foi dans les promesses de Dieu peut transformer une situation désespérée en une victoire éclatante. David ne s'est pas contenté de regarder le géant devant lui, mais il a confessé avec foi : **« Tu viens contre moi avec l'épée, la lance et le javelot; mais moi, je viens contre toi au nom de l'Éternel des armées... »** (1 Samuel 17, 45).

David a déclaré sa confiance en la puissance de Dieu pour vaincre Goliath, et sa confession a conduit à une victoire miraculeuse. De même, nos confessions peuvent avoir un effet puissant sur nos circonstances, lorsque nous choisissons de proclamer ce que Dieu a promis, plutôt que de nous laisser dominer par ce que nous voyons ou ressentons.

Marc 11, 23 nous rappelle cette vérité puissante : « **Je vous le dis en vérité, si quelqu'un dit à cette montagne : 'Ôte-toi de là et jette-toi dans la mer', et s'il ne doute pas en son cœur, mais croit que ce qu'il dit arrivera, il le verra s'accomplir** ». La confession de foi, même face à des obstacles apparemment insurmontables, a le pouvoir d'amener la transformation, tant dans notre cœur que dans nos circonstances.

Une confession fidèle est avant tout une confession des promesses de Dieu. La Bible regorge de promesses que Dieu a faites à Son peuple. Lorsqu'on confesse ces promesses avec foi, nous plaçons notre confiance en la fidélité de Dieu à accomplir ce qu'Il a promis. **2 Corinthiens 1, 20** déclare : « **Car toutes les promesses de Dieu sont en lui oui, et en lui amen, pour la gloire de Dieu par nous** ».

Lorsque nous déclarons que Dieu pourvoira à tous nos besoins (Philippiens 4, 19), que par Ses blessures nous sommes guéris (1 Pierre 2, 24), ou que nous sommes plus que vainqueurs par Celui qui nous a aimés (Romains 8, 37), nous faisons une confession de foi qui s'appuie sur la Parole de Dieu. Cette confession nous ancre dans la vérité, nous donne l'assurance que Dieu est fidèle, et nous permet d'attendre l'accomplissement de Ses promesses.

Notre confession doit donc être guidée par ce que Dieu dit, et non par ce que nos yeux voient ou nos sentiments ressentent. **Romain 4, 17** nous montre l'exemple de Dieu Lui-même, qui « **donne la vie aux morts et appelle à l'existence les**

choses qui ne sont pas ». En tant qu'enfants de Dieu, nous pouvons aussi déclarer avec foi ce que Dieu a promis, même si cela ne semble pas encore être une réalité visible.

La confession joue également un rôle crucial dans le combat spirituel. Dans **Éphésiens 6, 17**, Paul parle de **« l'épée de l'Esprit, qui est la Parole de Dieu ».** La Parole de Dieu, lorsqu'elle est confessée avec foi, devient une arme puissante pour repousser les attaques de l'ennemi.

Dans les moments de tentation, de découragement ou d'incertitude, notre confession de la Parole de Dieu est un moyen de revendiquer ce que Christ a acquis pour nous à la croix. En confessant la vérité de Dieu, nous renforçons notre position dans le combat spirituel, et nous exerçons notre autorité en Christ. Jésus Lui-même a utilisé la confession de la Parole pour repousser Satan lors de la tentation dans le désert, répondant à chaque attaque par une citation des Écritures : **« Il est écrit... »** (Matthieu 4, 1 - 11).

De même, lorsque nous nous trouvons dans des combats spirituels, notre confession doit être ancrée dans la Parole de Dieu. En proclamant ce que Dieu dit sur nous, nous repoussons les mensonges de l'ennemi et renforçons notre foi dans la vérité de Dieu.

Un autre aspect important de la confession est qu'elle est un moyen de réconciliation avec Dieu, surtout lorsqu'il s'agit de confesser nos péchés. Dans **1 Jean 1, 9**, il est écrit : **« Si nous confessons nos péchés, il est fidèle et juste pour nous les pardonner, et pour nous purifier de toute iniquité ».** La confession des péchés, accompagnée de repentance, est un acte de foi qui ouvre la porte à la grâce et à la purification. En confessant nos fautes, nous croyons que Dieu nous pardonne et nous restaure, et cela restaure notre communion avec Lui.

Enfin, la confession n'est pas seulement un acte individuel, mais elle a aussi une dimension communautaire. **Hébreux 10, 23** nous exhorte à maintenir la confession de notre espérance « les uns les autres ». Dans le cadre de l'Église, la confession collective de la foi, par exemple lors des cultes ou dans les groupes de prière, renforce la foi de chacun et permet à la communauté de s'encourager mutuellement dans la marche chrétienne. La confession publique est une déclaration puissante de notre foi commune en Christ et de notre engagement à vivre selon Sa volonté.

La confession est une partie intégrante de la vie chrétienne, liée de manière indissociable à la foi. Elle est un moyen de déclarer notre croyance dans les promesses de Dieu, de revendiquer Ses bénédictions, et de maintenir notre position dans le combat spirituel. En confessant avec foi ce que Dieu a dit, nous ouvrons la voie à la réalisation de Sa volonté dans notre vie. Que notre confession soit toujours une déclaration vivante de notre foi, une parole de victoire, et un témoignage de l'œuvre de Dieu en nous.

Chapitre 16 : La foi et l'espérance

La foi et l'espérance sont deux vertus essentielles de la vie chrétienne, profondément liées et souvent perçues comme indissociables dans le cheminement spirituel. Tandis que la foi concerne notre confiance dans les réalités invisibles et la fidélité de Dieu, l'espérance est la projection de cette foi dans l'avenir. L'une nourrit l'autre, et ensemble elles forment un fondement solide pour une vie chrétienne victorieux. Dans ce chapitre, nous explorons le rôle clé de l'espérance dans la foi chrétienne et comment elles se soutiennent mutuellement pour fortifier notre marche avec Dieu.

La foi et l'espérance sont souvent mentionnées ensemble dans les Écritures, et cela pour une bonne raison. La foi est la certitude des choses qu'on espère, et l'espérance est le but ou l'attente du résultat de notre foi.

Hébreux 11, 1 définit la foi comme « **la certitude de ce que l'on espère, la conviction de ce que l'on ne voit pas** ». Ce verset met en évidence une relation intime entre foi et espérance. La foi est ce qui rend l'espérance concrète. Par la foi, nous croyons aux promesses de Dieu, et cette foi produit en nous une espérance, une attente confiante de ce que Dieu accomplira dans notre vie.

L'espérance ne se réfère pas à un simple désir ou un vœu pieux, mais à une attente ferme et assurée basée sur la fidélité de Dieu. Dans **Romains 15, 13**, Paul prie : « **Que le Dieu de l'espérance vous remplisse de toute joie et de toute paix dans la foi, pour que vous abondiez en espérance par la puissance du Saint-Esprit** ». Cette prière souligne que l'espérance vient de Dieu et est nourrie par la foi. Plus notre foi est grande, plus notre espérance devient solide et inébranlable.

L'espérance chrétienne repose sur les promesses de Dieu. C'est en croyant que Dieu tiendra Ses promesses que nous pouvons espérer un avenir glorieux, non seulement dans l'éternité, mais aussi dans notre vie présente. **Tite 1, 2** nous parle de « **l'espérance de la vie éternelle, promise avant tous les siècles par le Dieu qui ne ment pas** ».

Les promesses de Dieu sont un pilier de notre espérance. Lorsque nous plaçons notre foi en Dieu, nous sommes assurés que ce qu'Il a promis, Il le réalisera. Cette confiance transforme nos attentes quotidiennes et nos perspectives de vie. Notre espérance est aussi une attente active, qui nous pousse à vivre aujourd'hui selon les vérités futures que Dieu a déjà révélées. Cela inclut l'espérance de la rédemption, de la guérison, de la restauration, et de la transformation personnelle. Chaque promesse de Dieu nourrit cette espérance.

2 Pierre 1, 4 nous enseigne également que nous avons « **les promesses précieuses et très grandes** » qui nous permettent de participer à la nature divine, et de fuir la corruption qui existe dans le monde par la convoitise. Cette promesse de transformation spirituelle et de sanctification est un fondement solide sur lequel nous pouvons bâtir notre espérance.

L'espérance chrétienne ne se limite pas à un aspect théorique ou futuriste ; elle prend également toute sa signification dans les moments d'épreuve et d'incertitude. En effet, l'espérance est d'autant plus précieuse lorsqu'elle se déploie dans la souffrance, car elle transforme nos épreuves en opportunités de croissance spirituelle.

Romains 5, 3 - 5 nous dit : « **Et non seulement cela, mais nous nous glorifions même des afflictions, sachant que l'affliction produit la patience; la patience produit l'épreuve; l'épreuve produit l'espérance. Et l'espérance ne déçoit point, parce que l'amour de Dieu est répandu dans nos cœurs par le Saint-Esprit qui nous a été donné** ». Ces versets montrent que l'espérance est un fruit de l'expérience et de la persévérance dans la foi. Les difficultés de la vie, bien qu'éprouvantes, peuvent devenir des catalyseurs pour renforcer notre espérance, car elles nous conduisent à une dépendance plus profonde à Dieu et à une vision claire de l'avenir glorieux qu'Il a promis.

La foi et l'espérance se nourrissent dans les moments de lutte. La foi nous permet de croire que Dieu est toujours fidèle, et l'espérance nous garde fixés sur la perspective éternelle, au-delà de nos souffrances présentes. L'espérance chrétienne est une espérance qui ne faiblit pas, même au cœur des tempêtes.

Une des dimensions les plus importantes de l'espérance chrétienne est l'attente du retour de Jésus-Christ. Ce retour, qui marquera la fin de toutes les souffrances et le commencement d'une ère nouvelle de gloire, est la source ultime de notre espérance. **Tite 2, 13** nous appelle à **« attendre la bienheureuse espérance et l'apparition de la gloire du grand Dieu et de notre Sauveur Jésus-Christ ».** Cette espérance est la clé de notre endurance chrétienne, car elle nous permet de persévérer malgré les défis de ce monde.

L'espérance du retour de Christ donne un sens profond à notre vie chrétienne. Cela nous aide à relativiser les difficultés présentes, car nous savons que la gloire à venir surpassera tout ce que nous pouvons vivre ici-bas. Dans **1 Jean 3, 2 - 3**, il est écrit : **« Bien-aimés, nous sommes maintenant enfants de Dieu, et ce que nous serons n'a pas encore été manifesté. Nous savons que, lorsqu'il apparaîtra, nous serons semblables à lui, parce que nous le verrons tel qu'il est. Et quiconque a cette espérance en lui se purifie, comme lui-même est pur ».** Cette attente du retour de Christ purifie notre vie et nous encourage à vivre dans la sainteté, en gardant les yeux fixés sur l'éternité.

L'espérance est un facteur clé dans la persévérance. Elle nous donne la force de continuer, même quand les choses semblent difficiles ou lorsque les résultats tardent à se manifester. La Bible nous enseigne que l'espérance, couplée à la foi, est un moteur de persévérance. Dans **Hébreux 6, 11 - 12**, l'apôtre Paul encourage les croyants à **« montrer une pleine diligence pour conserver une ferme espérance jusqu'à la fin »**, afin de ne pas devenir paresseux, mais de suivre l'exemple des personnes de foi qui ont hérité des promesses de Dieu.

C'est grâce à l'espérance en l'accomplissement des promesses de Dieu que nous pouvons faire face aux épreuves avec une attitude de confiance et de patience. **Jacques 5, 7 - 8** dit : **« Soyez donc patients, frères, jusqu'à l'avènement du Seigneur... Vous aussi, soyez patients, affermissez vos cœurs, car l'avènement du Seigneur est proche ».** L'espérance active nous permet de tenir bon et de rester fermes dans notre foi, en attendant que Dieu accomplisse Ses promesses dans notre vie.

L'espérance est une source de joie profonde, car elle est fondée sur la certitude des choses à venir. **Romains 12, 12** nous exhorte à **« être joyeux dans l'espérance, patients dans l'affliction, persévérants dans la prière ».** La joie chrétienne ne dépend pas des circonstances extérieures, mais de l'espérance en ce que Dieu a préparé pour nous. Lorsque nous vivons dans l'espérance, nous expérimentons une paix et une joie intérieures qui transcendent les défis de la vie quotidienne.

Cette joie est renforcée par la foi que Dieu tient Ses promesses, même lorsque les circonstances immédiates semblent contraires. **1 Pierre 1, 8 - 9** parle de cette joie inaltérable en disant : **« Vous l'aimez sans l'avoir vu; vous croyez en lui sans le voir encore, et vous vous réjouissez d'une joie inexprimable et glorieuse, car vous obtiendrez le salut de vos âmes ».** Cette joie qui naît de l'espérance est un témoignage de notre confiance en Dieu et de notre anticipation des bénédictions à venir.

L’espérance chrétienne n’est pas un simple souhait, mais une attente confiante basée sur la fidélité de Dieu. Elle est nourrie par la foi et fait partie intégrante de notre marche avec Dieu. En attendant l'accomplissement des promesses de Dieu, nous vivons dans l’espérance que Christ reviendra, que nos épreuves auront une fin et que la gloire qui nous attend est infiniment plus grande que tout ce que nous pouvons vivre sur cette terre. Que cette espérance, fondée sur la Parole de Dieu et nourrie par la foi, soit un puissant moteur pour persévérer dans notre vie chrétienne, et qu’elle produise en nous une joie inaltérable.

Chapitre 17 : La foi et l'amour

La foi et l'amour sont les deux plus grandes vertus chrétiennes, intimement liées l'une à l'autre et essentielles pour vivre pleinement l'appel que Dieu a sur notre vie. Jésus a résumé toute la loi et les prophètes en deux commandements : **« Tu aimeras le Seigneur ton Dieu de tout ton cœur, de toute ton âme et de toute ta pensée. Et tu aimeras ton prochain comme toi-même »** (Matthieu 22, 37 - 39). Ces deux commandements sont fondés sur la foi, mais aussi sur l'amour. Dans ce chapitre, nous examinons comment la foi et l'amour se complètent et se renforcent mutuellement, et pourquoi il est impossible de vivre une véritable foi sans que l'amour ne la guide.

L'amour de Dieu pour l'humanité est le fondement même de la foi chrétienne. La Bible déclare que **« Dieu est amour »** (1 Jean 4, 8), et c'est par Son amour incommensurable qu'Il a envoyé Son Fils Jésus-Christ pour nous sauver. Cet amour parfait est la source de notre foi. **Jean 3, 16** résume l'essence de l'Évangile : **« Car Dieu a tant aimé le monde qu'il a donné son Fils unique, afin que quiconque croit en lui ne périsse point, mais ait la vie éternelle ».** La foi chrétienne repose sur la conviction de cet amour divin, et c'est cet amour qui nous attire vers Dieu et nous permet de croire en Lui.

Lorsque nous plaçons notre foi en Dieu, nous répondons à Son amour. **1 Jean 4, 19** nous dit : **« Nous l'aimons, parce qu'il nous a aimés le premier ».** La foi ne se contente pas de croire en l'existence de Dieu ou en Ses promesses, elle est fondée sur la reconnaissance de l'amour de Dieu pour nous, un amour qui est inconditionnel et sacrificiel. Cet amour est ce qui rend possible une relation personnelle et vivante avec Dieu.

La foi chrétienne n'est pas simplement une croyance intellectuelle ou un acte de confiance en des doctrines. La foi véritable est toujours accompagnée d'amour. **1**

Corinthiens 13, 2 nous avertit clairement : « **Quand je parlerais les langues des hommes et des anges, si je n'ai pas l'amour, je suis un airain qui résonne ou une cymbale qui retentit ».** Paul va encore plus loin dans ce chapitre en affirmant que même la foi capable de déplacer des montagnes ne sert à rien sans l'amour : « **Et quand j'aurais toute la foi, jusqu'à transporter les montagnes, si je n'ai pas l'amour, je ne suis rien** » (1 Corinthiens 13, 2).

Cela nous enseigne que l'amour est la clé de la véritable foi. Une foi sans amour est stérile et vide. L'amour est le moteur qui donne un sens à notre foi et qui la rend vivante. Il est impossible d'avoir une foi authentique sans que l'amour de Dieu et pour Dieu ne soit présent dans nos cœurs.

L'amour chrétien n'est pas une simple émotion, mais un fruit de la foi. **Galates 5, 6** nous dit : « **Car en Jésus-Christ, ni la circoncision ni l'incirconcision n'ont de valeur, mais la foi qui œuvre par l'amour ».** La foi véritable se manifeste par des actions d'amour envers Dieu et envers les autres. Cet amour est un fruit du Saint-Esprit, comme nous le voyons dans **Galates 5, 22**, où l'amour figure parmi les fruits de l'Esprit. Lorsque nous marchons dans l'Esprit, la foi nourrit et renforce notre capacité à aimer de manière véritable et désintéressée.

Cet amour ne se limite pas à un sentiment intérieur, mais se traduit par des actes concrets de bienveillance et de service. Jésus Lui-même a montré l'exemple parfait de l'amour en donnant Sa vie pour nous sur la croix. Il a dit : « **Il n'y a pas de plus grand amour que de donner sa vie pour ses amis** » (Jean 15, 13). Cet amour sacrificiel est le modèle que nous devons suivre. La foi authentique nous pousse à aimer comme Jésus a aimé, c'est-à-dire à aimer sans condition, sans attendre en retour, et parfois au prix de sacrifices personnels.

L'amour est aussi un témoignage visible de notre foi. Dans **Jean 13, 35**, Jésus a dit : « **A ceci tous connaîtront que vous êtes mes disciples, si vous avez de**

l'amour les uns pour les autres ». L'amour est le plus grand témoin de notre appartenance à Christ. Si nous avons la foi en Jésus, cela doit se voir dans la manière dont nous aimons les autres. **1 Jean 4, 7 - 8** nous exhorte à **« nous aimer les uns les autres, car l'amour est de Dieu, et quiconque aime est né de Dieu et connaît Dieu ».**

Cet amour n'est pas réservé seulement à nos frères et sœurs en Christ, mais s'étend également à ceux qui ne connaissent pas encore Dieu. **Matthieu 5, 44** nous dit : **« Aimez vos ennemis et priez pour ceux qui vous persécutent ».** Aimer nos ennemis et ceux qui nous font du mal est l'un des plus grands témoignages de la puissance de la foi chrétienne. L'amour désintéressé que nous manifestons envers les autres, même dans les moments difficiles, est une preuve que nous vivons selon la foi en Christ et que nous avons été transformés par Son amour.

La foi chrétienne ne peut croître et se développer sans l'amour. **Ephésiens 3, 17 - 19** nous enseigne que l'amour de Dieu est essentiel à notre croissance spirituelle : **« Afin que Christ habite dans vos cœurs par la foi, et que vous soyez enracinés et fondés dans l'amour, pour comprendre, avec tous les saints, quelle est la largeur, la longueur, la profondeur et la hauteur, et connaître l'amour de Christ, qui surpasse toute connaissance ».** L'amour est la base solide sur laquelle notre foi peut se construire et grandir. Plus nous grandissons dans la compréhension de l'amour de Dieu, plus notre foi devient profonde et solide.

L'amour nous aide aussi à garder une perspective céleste, à aimer ce qui est éternel et à chercher la gloire de Dieu dans toutes nos actions. Quand l'amour est au cœur de notre foi, il nous pousse à chercher la volonté de Dieu, à être des témoins de l'Évangile, et à vivre une vie qui reflète les valeurs du Royaume de Dieu.

Le plus grand acte d'amour que Dieu ait accompli pour nous est l'envoi de Son Fils Jésus-Christ pour mourir pour nos péchés. **Jean 15, 13** nous rappelle que **« il n'y a pas de plus grand amour que de donner sa vie pour ses amis ».** Cet amour incommensurable est la source de notre foi. C'est en comprenant et en recevant cet amour que nous pouvons avoir la foi pour croire en l'œuvre rédemptrice de Jésus. Et c'est cet amour qui nous pousse à vivre pour Lui, à aimer les autres et à grandir spirituellement.

Mais l'amour ne se limite pas à un acte passé, il est aussi le but de la foi. **1 Jean 4, 16** déclare : **« Nous avons connu l'amour que Dieu a pour nous, et nous y avons cru ».** L'amour de Dieu est la raison pour laquelle nous croyons en Lui et c'est aussi ce qui nous pousse à poursuivre cette relation avec Lui. En fin de compte, la foi en Dieu est un chemin d'amour, et l'amour de Dieu est ce qui nous mène vers Lui, nous transforme et nous pousse à partager cet amour avec le monde.

La foi chrétienne ne peut se développer sans l'amour, et l'amour de Dieu est le fondement de notre foi. La véritable foi ne se contente pas de croire en des principes ou en des doctrines ; elle se manifeste dans l'amour inébranlable que nous avons pour Dieu et pour les autres. En même temps, la foi nourrit notre capacité à aimer de manière sacrificielle, tout comme Jésus l'a fait pour nous. L'amour n'est pas seulement une émotion, mais un choix quotidien, un acte de volonté nourri par notre foi en Dieu.

Dans notre marche chrétienne, il est crucial de se rappeler que « **la foi agit par l'amour** » (Galates 5, 6). Si notre foi est vivante, elle se traduit par des actes d'amour. Et si notre amour est véritable, il est le fruit d'une foi authentique en Dieu. Que notre vie soit un témoignage de cette union sacrée entre la foi et l'amour, qui sont les deux moteurs d'une vie chrétienne pleinement épanouie et conforme à l'exemple de Christ.

Chapitre 18 : La foi et l'échec

L'échec est une réalité incontournable de la vie humaine. Que ce soit dans nos relations, nos projets, nos carrières ou même dans notre vie chrétienne, tous nous avons connu des moments où nos attentes n'ont pas été comblées, où nos efforts ont semblé vains, et où nous avons fait face à l'impuissance ou à la déception. Mais, en tant que chrétiens, devons-nous comprendre l'échec comme une fin en soi, ou pouvons-nous le voir comme une opportunité d'apprendre, de croître et de renforcer notre foi ? Dans ce chapitre, nous examinons comment la foi peut influencer notre réponse à l'échec et nous aider à surmonter les moments de crise.

L'échec, dans le monde, est souvent perçu comme une défaite, une honte, ou un obstacle insurmontable. Il est associé à la perte de dignité, de statut ou d'estime de soi. Cependant, du point de vue chrétien, l'échec peut être vu sous un angle différent. Dans la Bible, nous voyons des personnages qui ont traversé des échecs apparemment définitifs, mais qui ont expérimenté une résurrection spirituelle, une rédemption, et un renouvellement de leur foi.

Par exemple, Pierre, l'un des apôtres les plus proches de Jésus, a connu un échec majeur lorsqu'il a renié Jésus trois fois pendant la Passion. Pourtant, Jésus ne l'a pas rejeté, mais l'a restauré, lui donnant une nouvelle mission : « **Paître mes brebis** » (Jean 21, 17). L'échec de Pierre, loin de le condamner, est devenu un point tournant dans son ministère. Cette expérience lui a permis de comprendre plus profondément la grâce de Dieu et de renforcer sa foi.

Ainsi, la perspective chrétienne de l'échec repose sur l'idée que **l'échec n'est pas une fin**, mais une occasion de se rapprocher de Dieu, de réexaminer nos motivations, et de grandir spirituellement.

L'échec n'est pas simplement quelque chose que nous devons « surmonter », mais c'est un moyen par lequel Dieu veut nous enseigner et nous transformer. **Jacques 1, 2 - 4** nous dit : « **Mes frères, regardez comme un sujet de joie complète les diverses épreuves auxquelles vous pouvez être exposés, sachant que l'épreuve de votre foi produit la patience. Mais il faut que la patience ait une action parfaite, afin que vous soyez parfaits et accomplis, ne manquant de rien ».**

L'échec, bien qu'il puisse être douloureux et désorientant, est une occasion pour Dieu de raffiner notre caractère. Il nous aide à développer la patience, la persévérance et l'humilité. À travers nos échecs, Dieu nous enseigne à dépendre de Lui, à chercher Ses voies et à reconnaître que nous ne pouvons rien accomplir par nos propres forces.

Le livre des **Proverbes 3, 5 - 6** nous rappelle de « **confier en l'Éternel de tout ton cœur et de ne pas t'appuyer sur ta propre intelligence. Dans toutes tes voies reconnais-le, et il aplanira tes sentiers ».** Lorsqu'un échec survient, il est parfois un moyen de Dieu pour nous aider à nous détourner de notre propre suffisance et à placer notre confiance en Lui, qui connaît la fin dès le début.

L'échec peut aussi être une invitation à une foi plus active. Parfois, nous pouvons être tentés de penser que notre foi est mise à l'épreuve lorsque les choses ne se passent pas comme nous l'espérons. Cependant, l'échec nous pousse à un renouvellement de cette foi. Il nous incite à prendre conscience que la foi ne se limite pas à croire que Dieu peut agir en notre faveur, mais que la foi véritable consiste aussi à Lui faire confiance, même lorsque les résultats ne sont pas immédiats ou visibles.

Dans **Hébreux 11**, qui est souvent appelé le « Chapitre des héros de la foi », nous voyons des personnes qui ont fait face à des échecs apparents mais qui ont persévéré. **Abraham**, par exemple, a reçu la promesse d'un héritage, mais il n'a pas vu son accomplissement de son vivant. Pourtant, il a persévéré dans la foi. **Moïse**, bien que confronté à l'opposition et à l'échec apparent lorsqu'il a mené Israël hors d'Égypte, n'a pas abandonné la mission que Dieu lui avait donnée. Leur foi a été mise à l'épreuve, mais elle a été récompensée par la fidélité de Dieu.

L'échec, donc, n'est pas une raison pour perdre espoir, mais une occasion d'approfondir notre foi en un Dieu qui est toujours fidèle, même lorsque les circonstances semblent contraires à nos attentes.

Lors des périodes d'échec, la prière joue un rôle essentiel dans le renouvellement de notre foi. Lorsque tout semble échouer, la prière nous permet de remettre notre situation entre les mains de Dieu. **Philippiens 4, 6 - 7** nous enseigne : « **Ne vous inquiétez de rien; mais en toutes choses faites connaître vos besoins à Dieu par des prières et des supplications, avec des actions de grâce. Et la paix de Dieu, qui surpasse toute intelligence, gardera vos cœurs et vos pensées en Jésus-Christ** ».

Dans l'échec, Dieu ne nous demande pas de comprendre tout ce qui se passe, mais de Lui faire confiance. Par la prière, nous pouvons exprimer nos frustrations, nos peurs et nos échecs à Dieu, tout en Lui confiant notre avenir. La prière devient ainsi un moyen d'aligner notre cœur avec la volonté de Dieu, et de trouver en Lui la force de continuer.

L'exemple de **Jésus dans le jardin de Gethsémané** (Matthieu 26, 39) montre que même dans l'agonie, lorsque l'échec semblait inévitable, Il a prié en toute humilité : « **Mon Père, si cela est possible, que cette coupe s'éloigne de moi! Cependant, non pas ce que je veux, mais ce que tu veux** ». Jésus n'a pas fui la douleur ni l'échec imminent, mais Il a soumis Sa volonté à celle du Père, ce qui a permis à Dieu de réaliser Son plan parfait à travers la croix.

L'échec, aussi difficile soit-il, peut aussi être une école de persévérance. **Romains 5, 3 - 5** nous enseigne que « **l'affliction produit la patience, la patience produit l'expérience, et l'expérience produit l'espérance** ». Le processus de faire face à l'échec et de persévérer dans la foi renforce notre caractère et nous rend plus solides dans notre relation avec Dieu. C'est en persévérant dans l'épreuve que nous pouvons espérer voir la main de Dieu agir à la fin.

L'échec ne doit pas être un motif de découragement, mais un moyen d'apprendre à attendre patiemment Dieu et à grandir dans notre foi. Dieu nous appelle à être « **fermes et inébranlables** » (1 Corinthiens 15, 58), à ne pas nous laisser emporter par les vagues de l'échec, mais à tenir ferme dans l'espérance qu'Il nous accompagne à chaque étape du chemin.

L'une des plus belles leçons que nous pouvons tirer de l'échec est la grâce de Dieu. La Bible nous enseigne que Dieu est proche des affligés et des brisés de cœur. **Psaume 34, 18** nous dit : « **L'Éternel est près de ceux qui ont le cœur brisé, et il sauve ceux qui ont l'esprit abattu** ». L'échec nous montre souvent nos limites, mais c'est précisément à ce moment-là que la grâce de Dieu peut se manifester le plus puissamment. Dans nos moments de faiblesse, Dieu nous donne Sa force et nous permet de nous relever.

L'exemple de **Paul** dans 2 Corinthiens 12, 9 est révélateur de cette vérité : « **Ma grâce te suffit, car ma puissance s'accomplit dans la faiblesse** ». Lorsque nous faisons face à l'échec, la grâce de Dieu nous soutient, nous élève et nous permet de repartir sur de nouvelles bases.

L'échec n'est pas une fin en soi pour le chrétien. Au contraire, c'est un moyen par lequel Dieu nous forme, nous purifie et nous prépare à accomplir Ses desseins. À travers l'échec, nous apprenons la persévérance, la dépendance à Dieu, et nous grandissons dans notre foi. Plus encore, l'échec nous rappelle que la réussite dans le Royaume de Dieu ne dépend pas de notre performance ou de notre réussite apparente, mais de notre fidélité à Dieu et de notre capacité à Lui faire confiance, même dans les moments difficiles.

Que chaque échec soit l'occasion de nous tourner vers Dieu, de trouver en Lui la force de continuer, et de découvrir que, « **tout est possible à celui qui croit** » (Marc 9, 23).

Chapitre 19 : La foi et la victoire finale

La vie chrétienne est une course, une marche de foi, et tout au long de cette marche, les croyants sont appelés à combattre le bon combat, à persévérer dans la foi, et à fixer leurs yeux sur la récompense éternelle. Cette récompense, qui est la victoire finale, n'est pas seulement une promesse future, mais une réalité spirituelle qui se vit dans le présent à travers la confiance en Dieu et l'assurance de Sa fidélité. Dans ce chapitre, nous explorons la relation entre la foi et la victoire finale, et comment cette victoire se manifeste tant dans notre vie terrestre que dans notre espérance céleste.

La Bible nous enseigne que la victoire finale appartient à ceux qui persévèrent dans la foi jusqu'à la fin. Jésus Lui-même a promis aux croyants : **« Celui qui persévérera jusqu'à la fin sera sauvé »** (Matthieu 24, 13). Cette victoire est d'abord une victoire spirituelle sur le péché, le monde et Satan, obtenue par la croix de Jésus. **1 Jean 5, 4** nous rappelle que **« tout ce qui est né de Dieu triomphe du monde; et la victoire qui triomphe du monde, c'est notre foi ».** La foi chrétienne n'est pas une foi passive, mais une foi qui conduit à la victoire, une victoire acquise par Jésus, mais appropriée par chacun de nous.

Cette victoire, cependant, n'est pas toujours immédiatement perceptible dans notre vie quotidienne. En effet, **le royaume de Dieu ne se manifeste pas dans une gloire éclatante sur terre**, mais par des combats spirituels, des épreuves et des victoires intérieures. Cependant, la foi nous donne la certitude que, malgré les apparences, la victoire est certaine pour ceux qui sont en Christ.

La première et la plus grande victoire chrétienne a été remportée sur la croix de Jésus. Par Sa mort et Sa résurrection, Jésus a triomphé de la mort, du péché et du diable. **Colossiens 2, 15** déclare : **« Il a dépouillé les dominations et les autorités, les a livrées publiquement en spectacle, en triomphant d'elles par**

la croix ». Cette victoire définitive a été remportée une fois pour toutes, et c'est sur cette base solide que repose notre foi.

Nous, chrétiens, partageons cette victoire en Christ. **Romains 8, 37** nous assure que « **dans toutes ces choses nous sommes plus que vainqueurs par celui qui nous a aimés ».** Notre victoire ne dépend pas de nos forces ou de nos capacités, mais de ce que Jésus a accompli pour nous. La victoire finale est donc une victoire spirituelle qui trouve son accomplissement dans le royaume éternel de Dieu.

La victoire ultime à laquelle les chrétiens aspirent est la vie éternelle avec Dieu dans Son royaume glorieux. La foi chrétienne est fondée sur l'espérance de cette victoire finale : **la promesse de voir Dieu face à face, d'être libérés du péché et de toute souffrance, et de régner avec Lui pour l'éternité**.

Dans **1 Pierre 1, 3 - 4**, Pierre nous rappelle cette espérance : **« Béni soit Dieu, le Père de notre Seigneur Jésus-Christ, qui, selon sa grande miséricorde, nous a régénérés pour une espérance vivante, par la résurrection de Jésus-Christ d'entre les morts, pour un héritage incorruptible, sans souillure et qui ne se fane, réservé dans les cieux pour vous ».**

La victoire finale, la couronne de justice que Paul mentionne dans **2 Timothée 4, 8**, est la récompense de ceux qui ont persévéré dans la foi, malgré les épreuves de ce monde. Cette récompense ne peut être comparée à aucune autre victoire terrestre. **Romains 8, 18** nous dit : **« Je considère que les souffrances du temps présent ne sont rien en comparaison de la gloire à venir qui sera révélée pour nous ».**

Si la victoire finale est assurée, la foi joue aussi un rôle crucial dans nos victoires quotidiennes. La vie chrétienne est parsemée de défis, de tentations et d'épreuves. Cependant, la foi nous permet de tenir ferme et de surmonter ces épreuves. **1 Jean 5, 4** affirme que **« tout ce qui est né de Dieu triomphe du monde ».** Notre foi en Christ nous donne la force de combattre et de résister aux attaques de l'ennemi. La victoire spirituelle quotidienne ne réside pas dans l'absence de difficultés, mais dans la capacité de rester fidèles à Dieu, d'avancer malgré les adversités, et de voir Dieu œuvrer pour notre bien.

C'est pourquoi Jésus a dit dans **Jean 16, 33** : **« Je vous ai dit ces choses, afin que vous ayez la paix en moi. Vous aurez des tribulations dans le monde; mais prenez courage, j'ai vaincu le monde ».** La foi chrétienne n'est pas une foi qui nie les difficultés, mais une foi qui repose sur la certitude de la victoire de Jésus sur ces difficultés. Chaque combat spirituel, chaque épreuve, est une occasion de voir Dieu agir et de renforcer notre foi.

Une des victoires importantes que nous expérimentons dans notre marche chrétienne est la victoire sur le péché. La tentation fait partie de la vie chrétienne, mais la foi nous permet de résister au péché et de marcher dans la sanctification. **1 Corinthiens 10, 13** nous assure : **« Aucune tentation ne vous est survenue qui n'ait été humaine; et Dieu est fidèle, qui ne permettra pas que vous soyez tentés au-delà de vos forces, mais il préparera aussi le moyen de sortir de la tentation, afin que vous puissiez la supporter ».**

La foi est le bouclier qui nous protège contre les attaques du péché. **Éphésiens 6, 16** nous dit de prendre le **« bouclier de la foi »** pour éteindre les flammes de l'ennemi. C'est par la foi que nous pouvons affirmer notre victoire sur les péchés passés, ne plus vivre sous la domination du péché, et avancer vers la sanctification.

La foi est la clé de la victoire finale, mais cette victoire n'est pas obtenue sans persévérance. **Hébreux 10, 36** nous dit : **« Car vous avez besoin de persévérance, afin qu'après avoir accompli la volonté de Dieu, vous obteniez ce qui vous est promis ».** La victoire finale ne se résume pas à un instant, mais à un parcours de foi, de persévérance et de fidélité. C'est dans la persévérance que nous voyons se manifester la fidélité de Dieu et que nous réalisons la victoire qu'Il a préparée pour nous.

Paul nous exhorte dans **2 Timothée 4, 7 - 8** : « **J'ai combattu le bon combat, j'ai achevé la course, j'ai gardé la foi. Désormais la couronne de justice m'est réservée, que le Seigneur, le juste juge, me remettra en ce jour-là, et non seulement à moi, mais aussi à tous ceux qui auront aimé son apparition** ». La victoire finale est la récompense de ceux qui, malgré les épreuves et les tentations, gardent la foi et persévèrent jusqu'à la fin.

La foi chrétienne est fondée sur l'espérance d'une victoire finale, celle d'être un jour pleinement et éternellement avec Dieu. **1 Jean 3, 2** nous rappelle que « **nous savons que lorsqu'il apparaîtra, nous serons semblables à lui, parce que nous le verrons tel qu'il est** ». Cette promesse d'une victoire finale, où nous serons transformés et glorifiés, donne aux croyants la motivation de continuer à marcher dans la foi, quelles que soient les épreuves.

L'espérance de cette victoire est ce qui nous soutient au quotidien. **Tite 2, 13** nous exhorte à « **attendre bienheureuse l'apparition de la gloire du grand Dieu et de notre Sauveur Jésus-Christ** ». Cette attente active, remplie de foi, nous encourage à vivre d'une manière digne de l'appel que nous avons reçu, sachant que notre victoire est assurée, non par nos mérites, mais par la grâce de Dieu.

La victoire finale est la promesse de Dieu à tous ceux qui persévèrent dans la foi. Cette victoire commence dès maintenant, à travers les victoires quotidiennes sur le péché, les tentations et les épreuves, et se termine par la récompense éternelle de la vie avec Dieu. La foi en Christ est la clé de cette victoire. Elle nous permet de surmonter les obstacles, de voir au-delà des difficultés et de tenir ferme, sachant que « **nous sommes plus que vainqueurs par celui qui nous a aimés** » (Romains 8, 37).

Le chrétien n'est jamais seul dans sa marche de foi, et il peut être sûr que **la victoire finale est déjà acquise en Christ**. Que cette victoire nous donne la force de continuer à courir la course de la foi, avec l'assurance que, **par Sa grâce, nous triompherons un jour**.

Chapitre 20 : Vivre selon sa foi

La foi chrétienne n'est pas simplement une doctrine ou un ensemble de croyances théoriques, mais une réalité vécue au quotidien. Elle doit transformer chaque aspect de notre existence : notre manière de penser, d'agir, de réagir aux défis de la vie, et même nos relations avec les autres. Dans ce dernier chapitre, nous examinons ce que signifie réellement **vivre selon sa foi** et comment cette foi peut être vécue de manière pratique dans le monde d'aujourd'hui. La foi n'est pas une foi abstraite, mais une foi incarnée dans la vie quotidienne, une foi qui nous pousse à agir, à faire des choix, à être des témoins vivants de l'amour et de la puissance de Dieu.

La foi chrétienne est le fondement même de la vie chrétienne. **Hébreux 11, 6** déclare : « **Or, sans la foi, il est impossible de lui être agréable; car il faut que celui qui s'approche de Dieu croie que Dieu existe et qu'il récompense ceux qui le cherchent** ». Cela signifie que la foi est la clé qui ouvre la porte de toutes les bénédictions spirituelles et que sans elle, il n'y a pas de relation véritable avec Dieu.

Vivre selon sa foi, c'est accepter que **Dieu soit la première priorité de notre vie**. Cela implique de Lui faire confiance dans tous les domaines de notre existence : dans nos décisions, nos plans, nos relations et nos épreuves. La foi chrétienne nous appelle à **chercher le royaume de Dieu et sa justice avant toute chose** (Matthieu 6, 33), à baser toutes nos actions sur l'assurance que Dieu est souverain et qu'Il a un plan pour nous.

Vivre selon sa foi est un choix quotidien. Cela implique de prendre des décisions conscientes, en toute confiance, que Dieu guide notre vie et qu'Il agit pour notre bien. La foi, dans ce sens, est un engagement à suivre Dieu chaque jour, quelles que soient les circonstances.

Le livre de **Josué 24, 15** nous montre un exemple de foi incarnée, où Josué déclare : « **Pour moi et ma maison, nous servirons l'Éternel** ». Il s'agit ici d'un acte volontaire de choisir de vivre en harmonie avec la volonté de Dieu, indépendamment des influences extérieures. Vivre selon sa foi, c'est faire en sorte que toutes nos actions, nos paroles et nos pensées soient guidées par cette conviction profonde que Dieu est digne de confiance.

L'un des aspects les plus importants de vivre selon sa foi est la transformation de notre manière de penser. **Romains 12, 2** nous exhorte : « **Ne vous conformez pas au siècle présent, mais soyez transformés par le renouvellement de l'intelligence, afin que vous discerniez quelle est la volonté de Dieu, ce qui est bon, agréable et parfait** ».

La foi change notre manière de percevoir le monde. Avant de connaître Dieu, nous étions guidés par nos propres désirs et par les valeurs du monde. Mais, en vivant selon la foi, nous apprenons à voir le monde à travers les yeux de Dieu. Nos priorités changent, et ce qui semblait important autrefois perd de son attrait.

Cela implique un renouvellement de notre pensée, un processus où la parole de Dieu devient notre référence absolue. **Philippiens 4, 8** nous invite à méditer sur ce qui est vrai, honorable, juste, pur, agréable et digne de louange. Ces pensées influencent nos décisions et nos comportements quotidiens.

Vivre selon sa foi signifie aussi obéir à la Parole de Dieu. La foi et l'obéissance sont intimement liées. **Jacques 2, 17** nous enseigne : « **Ainsi aussi la foi, si elle n'a pas les œuvres, est morte en elle-même** ». La foi véritable ne se limite pas à un accord intellectuel avec des vérités spirituelles ; elle se manifeste dans des actions concrètes.

L'obéissance à la parole de Dieu est un témoignage de notre foi. Cela implique de vivre selon Ses commandements, non pas par contrainte, mais par amour et par reconnaissance pour ce qu'Il a fait pour nous. **Jean 14, 15** déclare : **« Si vous m'aimez, gardez mes commandements ».** La foi chrétienne nous pousse à chercher à vivre selon la volonté de Dieu et à lui obéir, même lorsque cela va à l'encontre de nos désirs ou des normes culturelles.

La foi influence également nos relations avec les autres. Vivre selon sa foi signifie aimer son prochain comme soi-même (Matthieu 22, 39), pardonner comme Dieu nous a pardonnés (Éphésiens 4, 32), et être des témoins de l'amour de Christ dans toutes nos interactions.

Cela implique également de vivre avec une attitude de service envers les autres, en imitant l'exemple de Jésus, qui n'est pas venu pour être servi, mais pour servir (Matthieu 20, 28). Dans notre quotidien, vivre selon la foi signifie traiter les autres avec respect, compassion, et humilité, toujours avec l'idée de refléter l'amour de Dieu à travers nos actions.

Vivre selon sa foi ne signifie pas vivre sans épreuves. Au contraire, Jésus nous a avertis que nous aurions des tribulations dans ce monde (Jean 16, 33). Cependant, la foi nous permet de faire face aux défis avec une perspective divine. Nous savons que, même dans les moments les plus sombres, Dieu est à nos côtés et qu'Il œuvre pour notre bien (Romains 8, 28).

L'apôtre Paul nous rappelle dans **2 Corinthiens 4, 17** : **« Car nos légères afflictions du moment présent produisent pour nous, au-dessus de toute mesure, un poids éternel de gloire ».** Vivre selon sa foi, c'est avoir une vision éternelle qui transcende les difficultés temporaires. Cela signifie également que, même dans les moments de souffrance, nous pouvons être assurés que Dieu nous donne la force de surmonter, et que ces épreuves contribuent à notre croissance spirituelle.

Vivre selon sa foi, c'est aussi comprendre que chaque chrétien a une vocation donnée par Dieu. Peu importe notre situation ou notre profession, nous sommes appelés à vivre pour Dieu et à Le glorifier dans tout ce que nous faisons. **Colossiens 3, 17** nous exhorte : « **Et quoi que vous fassiez, en parole ou en œuvre, faites tout au nom du Seigneur Jésus, en rendant grâce par lui à Dieu le Père ».**

Cela signifie que chaque aspect de notre vie—que ce soit notre travail, notre famille, nos études, ou nos loisirs—doit être vécu dans une perspective de foi. Nos actions ne sont pas simplement un moyen d'accomplir des tâches, mais un moyen de servir Dieu et de refléter Sa gloire.

Vivre selon sa foi, c'est également persévérer. La foi chrétienne ne consiste pas seulement à commencer bien, mais à tenir ferme jusqu'à la fin. **Hébreux 12, 1 - 2** nous encourage : « **Nous donc aussi, puisque nous sommes entourés d'une si grande nuée de témoins, rejetons tout fardeau et le péché qui nous enveloppe si facilement, et courons avec persévérance dans le combat qui nous est proposé, les yeux fixés sur Jésus, auteur et consommateur de la foi ».**

Cela signifie ne pas se laisser décourager par les obstacles, ne pas abandonner au premier échec, mais avancer avec persévérance, sachant que Dieu nous fortifie à chaque étape du chemin.

Enfin, vivre selon sa foi c'est aussi vivre dans la joie chrétienne, une joie qui ne dépend pas des circonstances extérieures, mais de notre relation avec Dieu. **Philippiens 4, 4** nous exhorte : « **Réjouissez-vous toujours dans le Seigneur; je le répète, réjouissez-vous ».** Cette joie vient de la certitude que, en Christ, nous avons tout ce dont nous avons besoin pour vivre, même dans les moments difficiles.

La foi transforme notre perspective et nous aide à trouver la paix et la joie dans la présence de Dieu, même au milieu des épreuves. Cette joie est un témoignage puissant pour le monde autour de nous, qui cherche désespérément la paix et le contentement dans des choses temporaires.

Vivre selon sa foi est un défi et un privilège. Cela nous appelle à faire de Dieu notre priorité, à obéir à Sa parole, à manifester Son amour dans nos relations, à persévérer dans les épreuves, et à rendre gloire à Dieu dans toutes nos actions. La foi chrétienne n'est pas seulement une croyance intellectuelle, mais une réalité vécue chaque jour, dans chaque aspect de notre vie.

Nous sommes appelés à être des témoins vivants de l'évangile, à refléter la lumière de Christ dans un monde qui a besoin de Sa vérité, de Sa paix et de Sa justice.

Conclusion : La Foi qui Transforme

Tout au long de ce livre, nous avons exploré ensemble l'importance de la foi chrétienne, de sa compréhension à son application dans la vie quotidienne. Nous avons vu que « **Il vous sera fait selon votre foi** » n'est pas seulement une promesse lointaine, mais une réalité présente, un principe fondamental pour vivre en communion avec Dieu et expérimenter Sa puissance dans notre vie.

La foi chrétienne ne se limite pas à des paroles ou à une croyance intellectuelle ; elle doit être vécue, incarnée. Elle transforme notre manière de penser, d'agir et de réagir aux défis de la vie. Une foi vivante est une foi qui agit, qui persévère, qui espère et qui, même dans l'adversité, demeure ferme sur les promesses de Dieu.

La foi chrétienne commence par recevoir l'amour et la grâce de Dieu, et elle continue par l'action : une foi qui œuvre dans la prière, dans les actes de service, dans les choix quotidiens. Une foi qui s'appuie sur les promesses divines, mais qui ne reste pas inactive. Elle nous pousse à agir, à marcher dans la lumière de Dieu, et à répondre à Son appel avec obéissance et confiance.

Vivre selon sa foi, c'est aussi savoir que la vie chrétienne n'est pas exempte de difficultés, mais que, dans ces moments-là, la foi devient notre force. Nous avons la certitude que **Dieu est avec nous dans chaque épreuve**, et que, par Sa grâce, nous pouvons surmonter tous les obstacles. La foi ne nous promet pas une vie sans difficultés, mais elle nous assure que, quelle que soit la situation, nous pouvons trouver en Dieu la force de tenir ferme.

L'un des aspects les plus puissants de la foi chrétienne est qu'elle nous pousse à aimer les autres comme Dieu nous a aimés. Jésus nous a donné un commandement nouveau : « **Aimez-vous les uns les autres comme je vous ai aimés** » (Jean 13,

34). La foi authentique se manifeste dans l'amour, dans la capacité de pardonner, de servir, d'édifier ceux qui nous entourent.

Enfin, vivre selon sa foi, c'est fixer nos yeux sur l'espérance de la gloire éternelle. Nous ne vivons pas simplement pour le présent, mais avec l'assurance que **notre vie sur terre est temporaire, mais que notre héritage en Christ est éternel**. Cette perspective éternelle transforme notre manière de vivre ici et maintenant. La foi nous permet de tenir ferme, de persévérer dans les épreuves, car nous savons que notre récompense est en Dieu.

Une foi vivante est aussi une foi qui témoigne. Nous sommes appelés à être des ambassadeurs du Christ, à porter l'évangile dans le monde par notre comportement, nos paroles, nos actions. La foi chrétienne ne peut pas être gardée pour soi-même, elle doit rayonner autour de nous. **« Vous êtes la lumière du monde »** (Matthieu 5, 14) — nous sommes appelés à vivre de telle sorte que les autres voient en nous une preuve vivante de la vérité de l'Évangile.

Au fond, vivre selon sa foi, c'est permettre à cette foi de transformer tous les aspects de notre vie. Que votre foi en Dieu ne soit pas une simple théorie, mais une réalité vivante et puissante qui guide chaque décision, chaque action, chaque parole. Que cette foi vous porte à aimer, à pardonner, à servir, à persévérer, et à témoigner de l'espérance que vous avez en Christ.

Le monde a besoin de chrétiens dont la foi est vivante, agissante, capable de faire face aux défis avec courage, et de répandre l'amour et la lumière de Dieu dans les ténèbres. Que ce livre vous inspire à vivre pleinement selon votre foi, en sachant que, par la grâce de Dieu, **tout est possible à celui qui croit** (Marc 9, 23).

Que votre foi soit votre guide, votre force et votre témoignage dans ce monde. Et rappelez-vous toujours : **Il vous sera fait selon votre foi**.

Épilogue : Témoignages de Foi

Tout au long de ce livre, nous avons exploré le pouvoir de la foi et la manière dont elle peut transformer nos vies, mais peut-être qu'aucune vérité n'est aussi frappante que celle-ci : **la foi ne se limite pas aux pages d'un livre ou aux paroles d'un prédicateur. Elle prend vie dans les témoignages concrets des croyants**. En effet, ce sont les histoires de ceux qui ont vu leur foi être mise à l'épreuve et manifestée dans des moments cruciaux qui témoignent de la réalité de ce principe divin : « **Il vous sera fait selon votre foi** ».

Les témoignages de foi sont des preuves vivantes de l'amour et de la puissance de Dieu dans la vie quotidienne. Ils nous rappellent que la foi n'est pas seulement une idée théologique, mais une force vivante, active, qui change la réalité. Ces témoignages nous encouragent, nous fortifient, et nous rappellent que Dieu est toujours fidèle, toujours présent, et toujours prêt à intervenir dans la vie de ceux qui croient. Dans cet épilogue, nous allons partager quelques témoignages de foi, des récits de personnes qui ont vu Dieu agir de manière miraculeuse dans leur vie, des histoires qui illustrent comment « **Il vous sera fait selon votre foi** ».

Témoignage 1 : La guérison d'un corps brisé

Marie, une femme dans la quarantaine, avait reçu un diagnostic de cancer incurable. Les médecins lui avaient dit qu'il ne lui restait que quelques mois à vivre. Après avoir suivi des traitements intensifs, son état s'était détérioré rapidement. Mais Marie avait toujours eu une foi profonde en Dieu. Au lieu de se laisser envahir par la peur et le désespoir, elle choisit de se tourner vers la prière, de chercher Dieu dans Sa Parole et de croire que rien n'est impossible à Celui qui croit.

Elle se souvient avoir prié chaque jour, proclamant les promesses de guérison dans les Écritures, et demandant à Dieu de faire un miracle. Un matin, après plusieurs mois de prière intense, Marie se rendit à l'hôpital pour un contrôle de routine. À sa grande surprise, les médecins, après avoir observé les résultats de ses examens, lui annoncèrent qu'il n'y avait plus aucune trace de cancer dans son corps. **Marie avait vécu un miracle**, et elle attribue cette guérison à sa foi inébranlable en Dieu. Elle témoigne aujourd'hui de la puissance de la foi, affirmant que « **Il vous sera fait selon votre foi** » n'est pas une simple promesse, mais une réalité tangible pour ceux qui croient.

Témoignage 2 : Une foi qui traverse les épreuves financières

Pierre et Claire étaient un jeune couple qui traversait une grave crise financière. Après plusieurs années de difficultés, ils se retrouvaient sur le point de perdre leur maison. Ils avaient des dettes accumulées, et chaque mois semblait être une lutte de plus en plus ardue. Un soir, après une prière sincère, Pierre se souvint de la Parole de Dieu dans **Philippiens 4, 19**, qui dit : « **Mon Dieu pourvoira à tous vos besoins selon sa richesse, avec gloire, en Jésus-Christ ».**

Pierre et Claire décidèrent de ne pas abandonner leur foi et de continuer à donner, même si cela semblait impossible. Ils commencèrent à semer des semences de foi, non seulement en argent, mais aussi en temps et en amour pour les autres. Quelques mois plus tard, un ami d'affaires qui connaissait leur situation leur proposa un partenariat pour un projet d'investissement qui, contre toute attente, se révéla extrêmement profitable. Ils purent non seulement payer leurs dettes, mais aussi donner davantage à des œuvres de charité.

Aujourd'hui, Pierre et Claire partagent leur témoignage avec conviction, affirmant que leur foi a été récompensée par la générosité et la provision de Dieu. Ils savent désormais que « **Il vous sera fait selon votre foi** » et que Dieu pourvoit toujours à ceux qui Lui font confiance, même dans les moments les plus sombres.

Témoignage 3 : Une foi qui restaure les relations brisées

Élise, une mère de famille, avait vécu une période de grande souffrance dans son mariage. Son mari, Jean, avait succombé à l'alcoolisme, et leur relation était devenue de plus en plus tendue. Après des années de lutte, Élise s'était résignée à l'idée de vivre seule avec ses enfants, ne croyant plus en la possibilité d'une restauration de son mariage.

Un jour, lors d'une retraite spirituelle, Élise entendit un message sur le pouvoir de la foi et du pardon. **Marc 11, 24** lui rappela que « **tout ce que vous demanderez en priant, croyez que vous l'avez reçu, et cela se fera pour vous** ». Sur un coup de tête, elle décida de prier non seulement pour elle-même, mais aussi pour son mari, et de croire que Dieu pourrait restaurer ce qui semblait irrémédiablement brisé.

Elle commença à prier chaque jour pour la guérison de son mari, mais aussi pour le renouvellement de son propre cœur. Au fil du temps, Jean a commencé à chercher de l'aide, se réconcilier avec Dieu et entreprendre un chemin de guérison personnelle. Aujourd'hui, après plusieurs années, Élise et Jean témoignent de la puissance de Dieu pour restaurer les relations brisées et guérir les cœurs blessés. Ils savent que, par la foi, Dieu a non seulement guéri leur mariage, mais aussi leurs vies.

Témoignage 4 : Une foi qui donne une nouvelle direction

Luc, un jeune homme dans la trentaine, avait tout pour réussir : un emploi bien rémunéré, une belle maison, et une vie sociale active. Pourtant, il ressentait un vide profond. Un jour, en écoutant un message sur l'appel de Dieu dans la vie des croyants, Luc se rendit compte qu'il vivait loin de ce que Dieu avait prévu pour lui. Sa carrière et ses ambitions personnelles n'étaient plus suffisantes pour lui donner un sens profond à la vie.

Dans un moment de prière intense, Luc choisit de mettre sa foi en Dieu et de demander une direction claire pour sa vie. Il se souvint de **Proverbes 3, 5 - 6** : **« Confie-toi en l'Éternel de tout ton cœur, et ne t'appuie pas sur ta sagesse. Reconnais-le dans toutes tes voies, et il aplanira tes sentiers ».** Luc décida de quitter son emploi et de suivre une formation dans un domaine qu'il ressentait plus en accord avec son appel : travailler avec les jeunes en difficulté.

Cette décision radicale, basée sur la foi, a complètement changé sa vie. Luc travaille désormais dans une organisation qui aide les jeunes en situation de précarité, et il témoigne que Dieu a non seulement pourvu à ses besoins, mais qu'Il l'a aussi rempli d'une paix et d'une joie qu'il n'avait jamais connues auparavant.

Ces témoignages ne sont que quelques exemples parmi tant d'autres qui illustrent la vérité profonde du principe « **Il vous sera fait selon votre foi** ». Que ce soit dans la guérison, dans la provision, dans la restauration des relations ou dans la recherche d'une nouvelle direction de vie, la foi chrétienne est une puissance vivante qui transforme.

La foi est un voyage, une aventure de confiance en Dieu, un chemin où les défis sont inévitables, mais où la victoire est certaine pour ceux qui croient. Comme nous l'avons vu à travers ces témoignages, la foi n'est pas une théorie, mais une réalité vécue. Elle touche tous les aspects de notre vie, nous guide dans l'obscurité, et nous mène à une expérience de Dieu qui dépasse tout ce que nous pourrions imaginer.

Que ces histoires vous encouragent à continuer d'avancer dans votre propre marche de foi, à croire que, peu importe les circonstances, **Dieu peut**

transformer votre situation, car **Il vous sera fait selon votre foi**. Le seul véritable obstacle est de ne pas croire. Mais lorsque vous croyez et que vous persévérez, vous verrez Dieu accomplir des choses extraordinaires dans votre vie.

Bibliographie

1. **Hagin, Kenneth.** *La Foi qui Déplace des Montagnes*, 1984, **Parole de Vie**.
2. **Wigglesworth, Smith.** *La Vie de Foi*, 1920, **Éditions Impact**.
3. **Wommack, Andrew.** *Les Secrets de la Foi*, 2004, **Life Ministries**.
4. **Capps, Charles.** *Le Pouvoir de la Foi*, 1997, **Éditions Capps**.
5. **Osborn, T.L.** *La Foi qui Guérit*, 1953, **T.L. Osborn Publications**.
6. **Roberts, Oral.** *Croire pour Recevoir*, 1983, **Oral Roberts Evangelistic Association**.
7. **Savelle, Jerry.** *Les Promesses de Dieu et la Foi*, 1998, **Jerry Savelle Ministries**.
8. **Lake, John G.** *Vivre Par la Foi*, 1912, **Lake Publications**.
9. **Bonnke, Reinhard.** *La Puissance de la Foi en Dieu*, 2003, **Christ for All Nations**.
10. **Copeland, Kenneth.** *La Foi, Clé de la Prospérité*, 1980, **Kenneth Copeland Ministries**.
11. **Johnson, Bill.** *Le Pouvoir de la Foi*, 2006, **Bethel Media**.
12. **Meyer, Joyce.** *Marcher dans la Foi*, 2001, **FaithWords**.
13. **Prince, Derek.** *Les Fruits de la Foi*, 1991, **Derek Prince Ministries**.
14. **Bosworth, F. F.** *Guérison par la Foi*, 1924, **Christ for the Nations Press**.
15. **Tozer, A.W.** *Le Pouvoir de la Foi Vivante*, 1967, **Christian Publications**.
16. **Hayford, Jack.** *L'Adoration et la Foi*, 2000, **Thomas Nelson**.
17. **Renner, Rick.** *La Foi qui Triomphe*, 2011, **Harrison House**.
18. **Graham, Billy.** *La Vie de Foi et de Victoire*, 1987, **HarperCollins Christian Publishing**.
19. **Hagin, Kenneth E.** *Le Pouvoir de la Foi Déclarée*, 1994, **Kenneth Hagin Ministries**.
20. **Wright, Frank T.** *La Foi et les Miracles*, 1993, **Word of Faith Ministries**.

21. **Sproul, R.C.** *L'Héritage de la Foi*, 2000, **Tyndale House**.
22. **Dollar, Creflo.** *Les Promesses de Dieu : Une Foi qui Conquiert*, 1995, **Creflo Dollar Ministries**.
23. **Prince, Joseph.** *Vivre dans la Grâce et la Foi*, 2009, **Joseph Prince Ministries**.
24. **Capps, Charles.** *Les Lois de la Foi*, 1991, **Charles Capps Ministries**.
25. **Perry, J. Vernon.** *La Foi qui Agit*, 1982, **Tyndale House Publishers**.

yes
I want morebooks!

Buy your books fast and straightforward online - at one of world's fastest growing online book stores! Environmentally sound due to Print-on-Demand technologies.

Buy your books online at
www.morebooks.shop

Achetez vos livres en ligne, vite et bien, sur l'une des librairies en ligne les plus performantes au monde!
En protégeant nos ressources et notre environnement grâce à l'impression à la demande.

La librairie en ligne pour acheter plus vite
www.morebooks.shop

info@omniscriptum.com
www.omniscriptum.com

Printed by Books on Demand GmbH, Norderstedt / Germany